本专著为 2020 年广西创新驱动发展专项资金项目（广西科技重大专项）"5G 场景'旅游+'智慧化服务技术研发与应用"（项目任务书编号：桂科 AA20302011）的研究成果。

# 旅游业"云数智"化转型的商业模式研究

韦夷　著

新华出版社

**图书在版编目（CIP）数据**

旅游业"云数智"化转型的商业模式研究 / 韦夷著．
北京：新华出版社，2024.8. -- ISBN 978-7-5166
-7531-1

Ⅰ．F59

中国国家版本馆 CIP 数据核字第 2024ND7837 号

旅游业"云数智"化转型的商业模式研究

著者：韦　夷
出版发行：新华出版社有限责任公司
　　　　　（北京市石景山区京原路 8 号　邮编：100040）
印刷：河北万卷印刷有限公司

成品尺寸：170mm×240mm 1/16　　　印张：14.5　　　字数：210 千字
版次：2024 年 8 月第 1 版　　　　　印次：2024 年 8 月第 1 次印刷
书号：ISBN 978-7-5166-7531-1　　　定价：88.00 元

---

微店

视频小号店

抖店

京东旗舰店

微信公众号

喜马拉雅

小红书

淘宝旗舰店

扫码添加专属客服

随着信息技术的飞速发展，特别是云计算、大数据和人工智能（以下简称"云数智"）技术的崛起，各行各业都面临着前所未有的变革机遇与挑战。旅游业是全球经济的重要组成部分，其"云数智"化转型已成为行业发展的必然趋势。

本书旨在深入探讨旅游业"云数智"化转型过程中的机遇、挑战、内涵、应用、组织变革、新商业模式以及未来发展趋势，以期为旅游业的创新发展提供理论支持和实践指导。同时，新质生产力正迅速成为旅游业转型发展的重要"助燃剂"，推动着这个传统行业向智能化、信息化和高效化的方向迈进。在现代科技和信息技术的驱动下，旅游业正在经历一场深刻的变革，并且变革正在为其带来诸多新的发展机遇和挑战。

新质生产力可以有效提升旅游业的服务质量和运营效率，为其带来新的商业模式和发展机遇。例如，共享经济模式在旅游业中的应用，使闲置的资源得到了更好的利用。通过共享平台，游客可以租赁当地居民的住房、车辆和其他资源，既节省了成本，又能够体验到更加地道的当地生活。共享经济还促进了旅游资源的合理配置，推动了旅游业的可持续发展。

在旅游业"云数智"化转型的过程中，既要看到云计算为旅游业带来的高效、强大的计算能力，也要认识到大数据在旅游市场分析、客户画像、精准营销等方面的巨大潜力。同时，人工智能技术的引入，将进一步提升旅游服务的智能化水平，改善游客体验，推动旅游业的转型升级。

然而，转型之路并非一帆风顺。旅游业在享受"云数智"技术带来的红利时，也面临着数据安全、隐私保护、人才短缺等方面的挑战。本书在探讨机遇的同时，深刻认识到了产业变革将要面临的挑战，力求提出切实可行的对策建议，为旅游业的"云数智"化转型提供有益的参考。本书在撰写过程中，广泛吸收了国内外相关领域的最新研究成果，力求做到内容全面、观点新颖、分析深入。同时，本书注重理论与实践的结合，通过案例分析和实证研究，为旅游业的"云数智"化转型提供实用的指导和建议。

本书一共包含八章，第一章探讨了旅游业在"云数智"化转型的过程中所面临的机遇与挑战，分析了技术进步带来的新机会，如提高效率、降低成本和增强客户体验的可能性，同时指出了人们在这一转型过程中可能遇到的障碍，如技术接受度、资金投入力度低等。

第二章阐述了"云数智"化转型在旅游业中的具体内涵，包括云计算、大数据、人工智能等技术在旅游业中的应用，讨论了这些技术如何重新定义旅游业务流程和服务模式。

第三章分析了"云数智"技术如何推动旅游业商业模式的创新，如通过个性化旅游推荐、实时数据分析和增强现实体验等方式，增强旅游服务的吸引力和竞争力。

第四章探讨了应用"云数智"技术后，旅游企业在组织结构、企业文化和员工技能需求上需要进行的相应调整，如提升员工的技术熟练度和适应新技术的能力等。

第五章描述了"云数智"技术支持下的新商业模式，如共享经济、虚拟旅游等，展示了技术如何开辟旅游市场的新领域。

第六章提出了在"云数智"赋能下，旅游业商业模式创新面临的挑战，并提供了相应的对策建议。

第七章讨论了成功的商业模式和组织变革案例，并分析了这些成功案例的推广和实施过程。

第八章展望了未来"云数智"化旅游业的发展趋势和潜在应用，预测了技术发展的方向和旅游业可能迎来的新变革。

本书深刻分析了传统旅游业与"云数智"旅游业的特性与差异，对旅游业与"云数智"技术结合的全新商业模式进行了较为全面研究，以期站在更加宏观的视角，对旅游产业未来的发展进行了深刻剖析，以促进旅游相关的各学科、各领域的共同发展。

目

录

# 第一章　旅游业"云数智"化转型的现实基础与面临的挑战

## 第一节　旅游业"云数智"化转型的现实基础

### 一、综合国力发展为旅游业"云数智"化转型提供保障

我国综合国力的不断攀升，为旅游业"云数智"化转型提供了坚实保障。自 1949 年中华人民共和国成立以来，在中国共产党的正确引领之下，中华民族实现了从"站起来"到"强起来"的伟大飞跃。如今，我国综合国力不断提升，各领域各行业的发展成果显著，这为旅游业"云数智"化转型开拓了广阔的发展平台，并为其提供了重要的保障。

#### （一）经济实力不断提高

中华人民共和国自 1949 年成立以来，已经走过七十多个年头，在这七十多年的风风雨雨中，我国的经济实力和综合国力实现了重大突破。如今，中国已成为世界第二大经济体、第一大工业国、第一大货物贸易国、第一大外汇储备国，国内生产总值超过 100 万亿人民币，人均 GDP

连续两年超过 1 万美元，稳居中等偏上收入国家行列。

## 1. 经济发展实现"增量奇迹"

中华人民共和国成立初期，国内的经济情况可谓"一穷二白"。据统计，1952 年我国 GDP 为 679 亿元，人均 GDP 仅 119 元；1956 年，GDP 突破 1000 亿元，达到 1 031 亿元。1978 年，改革开放大门开启，1982 年 GDP 突破 5000 亿元，达到 5 373 亿元。

进入 21 世纪后，我国经济持续跃升。2000 年，GDP 突破 10 万亿元。2020 年，我国经济迈上了百万亿元的新台阶，在世界经济中的份额由 2019 年的 16.3% 上升到 17% 左右。同时，我国的人均 GDP 达到了 7.2 万元，按平均汇率折算突破了 1 万美元，我国正在向高收入国家稳步迈进。目前，我国还建成了世界上规模最大的社会保障体系，覆盖范围不断扩大，保障水平稳步提高。

## 2. 经济发展实现"提质奇迹"

在提升经济发展总量的同时，我国时刻不忘提升经济发展的总体质量，转变经济发展方式受到党中央的高度重视。在改革开放至今的几十年间，我国经济实现了从要素驱动型粗放增长向创新驱动型集约发展的转变。世界知识产权组织数据显示，我国全球创新指数排名世界第 14 位。我国在载人航天、探月工程、量子科学、深海探测、超级计算、卫星导航等领域取得了重大成就，高铁、5G 移动通信、新能源等高新技术产业的发展也进入了世界前列。

## 3. 产业结构优化创新

中华人民共和国成立之前，我国一直是一个比较落后的农业大国，不过，自"一五"计划开始，我国传统农业大国的形象便开始发生变化。目前，我国现代化产业体系基本建立，我国实现了从传统农业社会向现代工业社会的历史性飞跃，成为全世界唯一拥有联合国产业分类中全部工业门类的国家。

### 4.区域经济差距逐渐缩小

我国疆域辽阔、民族众多，地势与气候在不同区域存在明显的差异，其中西部地区由于环境条件比较恶劣，经济发展水平与东部沿海城市相比一直较低。20世纪50年代，我国的绝大多数工业基地都集中在东部地区与东北地区。改革开放初期，东部沿海地区率先开放，其经济也实现了快速增长。进入21世纪，党中央先后作出了实施西部大开发、振兴东北老工业基地、促进中部地区崛起的决策部署。如今，随着京津冀协同发展、长江经济带发展、粤港澳大湾区建设等区域重大战略的落实推进，一批新增长极和高质量发展动力源被加快培育，区域发展的协调性被显著增强。

## （二）基础设施愈发完善

我国的基础设施建设状况实现了翻天覆地的变化，多项设施的建造为居民的日常生活提供了极大的便利，更为如今旅游业"云数智"转型发展提供了可靠的物质条件。

### 1.交通设施

自中华人民共和国成立以来，党中央特别重视交通网络的建设。正所谓"要想富，先修路"，在有关部门的积极响应之下，我国的交通网络建设取得了令人瞩目的成绩。其中，青藏地区"天堑变通途"便是一个真实的写照。如今，我国铁路里程是20世纪中期时的7倍，公路里程是当时的64倍，全国港口拥有生产性码头泊位是当时的138倍，民航航线里程是当时的735倍。

### 2.电信设施

改革开放以来，我国的邮电通信水平进入高速发展阶段。邮电通信产业的规模持续扩大，相关的基建设施也越来越多。如今，随着"宽带中国""网络提速降费""数字中国"建设等政策的实施，我国已建成全球最大固定网络和移动网络,在"网络强国"的建设道路上迈出坚实的步伐。

3. 能源设施

随着人类社会的发展与变迁,人们所使用的能源也发生了很大的变化,人们能够使用的能源类型也变得愈加丰富。经过多年努力,我国能源的挖掘、应用、生产能力大幅提升,在能源安全新战略的指引下,能源生产和消费方式发生重大变革,能源利用效率不断提高,清洁能源利用率大幅增加。天然气、水电、核电、风电等清洁能源消费量占能源消费总量的比例也在上升。

### (三)科技水平突飞猛进

自中华人民共和国成立以来,我国的科技水平也在突飞猛进,取得了大量的创新性成果,其中包括大量令世界惊叹的成就。如今,我国科研人员所发明创造的许多科技产品已经走出国门、面向世界,并在同行中逐步取得领先优势。我国在科技交通、移动支付、人工智能、超级计算机、云计算等领域的成就都令世人惊叹,可以说,中国科技在全球各地"遍地开花"。

在航空航天与深海潜水领域,我国也走在世界的前列。2008年9月25日,神舟七号将宇航员翟志刚、刘伯明和景海鹏送入太空。翟志刚出舱作业,刘伯明在轨道舱内协助,完成了中国历史上第一次太空漫步,令中国成为能进行太空漫步的国家之一。2013年12月14日,嫦娥三号探测器在月球表面预选着陆区域成功着陆,这标志着我国已成为世界上第三个实现地外天体软着陆的国家。2012年6月30日,"蛟龙"号载人潜水器在马里亚纳海沟试验区成功进行7000米级海试的最后一次下潜试验,下潜最大深度达到7035米。

### （四）小结

总而言之，自 20 世纪 50 年代以来，我国经历了几十年的艰苦奋斗与辛勤耕耘，终于在各领域取得了诸多成绩，实现了多项重大突破。

更还在值得注意的是，我国在几十年来不仅致力提升经济与科技实力，还在软实力的提升上获得了长足的进步。当今世界的任何重要场合都需要中国的出席，都在呼唤中国声音。中国受到世界各国的尊重，成为国际大家庭的重要成员，已经是不争的事实。有学者认为，中国自改革开放以来的一系列发展与成就，不仅使本国国民的生活水平得到了显著提升，更为世界各国提供了中国方案与中国经验，并让世界人民普遍认同了中国已经成为拉动世界经济快速发展的"火车头"之一，中国的发展使中国周边的其他国家广泛受益这一事实。

总览我国近几十年的发展成就，我国的综合国力已有了显著提升，而综合国力的提升，恰恰为旅游业发展与转型创造了重大机遇，更是当代旅游业由传统旅游向"云数智"旅游转变的重要前提和可靠保障。"云数智"以现代高新技术为依托，结合云计算、大数据、人工智能等现代技术，改变传统旅游模式，为之提供多项更加便捷的服务，可以说，我国各领域的迅猛发展与综合国力的显著提升，为旅游业"云数智"化转型打下了基础。

## 二、我国旅游事业取得重大发展

我国旅游事业稳步发展，旅游业带动多项产业协同发展，各景区游客数量逐年增长，这表明人们对旅游活动愈加重视。人们日益增长的旅游需求也要求从业者对旅游业进行适当的创新与转型，居民普遍高涨的旅游期望则成为旅游业"云数智"转型发展的又一重要基础。

## （一）旅游产业规模持续扩大

我国旅游业在 20 世纪 80 年代开始进入高速发展阶段，发展体现在诸多方面，包括旅行社数量增加、从业人员增多、经营体制改革、经营环境改善等。2007 年 1 到 11 月，中国主要城市接待旅游人数为 39 970 340 人次，与上年同期相比增长了 13.37%。其中接待外国游客 23 330 404 人次，接待香港同胞 11 176 899 人次，接待澳门同胞 722 831 人次，接待台湾同胞 4 740 206 人次。

2011 年，我国旅游行业迎来了重要的增速发展期，旅游人数增速高达 25.58%，2012 年以后趋于平稳，维持在 10% 左右。2019 年国内旅游人数达到 50 亿人次，同比增长 12.64%。

目前，我国旅游业规模逐年增长，在吸纳就业、带动农业发展、增加税收等方面都发挥了重要作用，对经济增长和社会发展作出了突出的贡献。

## （二）旅游产业转型发展如火如荼

我国的旅游业转型发展在近几年开展得可谓如火如荼，无论是在一线城市、新一线城市，还是在地处偏远的地区，都可以看到旅游业转型发展的势头，而这些转型实践为旅游业朝着"云数智"的方向发展提供了有利的社会环境。

在世界范围来看，我国旅游业的转型发展是略晚于欧美发达国家的。1984 年，中央提出"两个一齐上"（国家、地方、部门、集体、个人一齐上，自力更生与利用外资一齐上）的旅游建设方针，揭开了全方位发展旅游产业的序幕。在改革开放的浪潮之下，我国起步较晚的旅游业取得了快速发展，除旅游业规模的持续扩大，旅游人数持续增加，旅游经济持续增长外，旅游业的发展方式和类型也在发生明显的变化。

进入 21 世纪，国内旅游业与其他产业的关联性逐渐增强。一方面，旅游产业对周边产业发展起到了明显的带动作用明显，多地区实现了由旅游业带动的经济水平全面提升的目标；另一方面，旅游业发展越来越受文化、交通等领域发展的影响，文旅开始成为旅游业中的"新热点"。同时，受国际经济环境的影响，国内旅游业开始由传统的粗放式增长向创新型的方向转变。

2019 年 12 月中央经济工作会议提出，要推动旅游业高质量发展，我国旅游业经过多年努力已经取得一部分重要成绩，但是在未来发展中更应当改革求突破，并强调要发展全域旅游，深化改革，旅游业要注重因地制宜、提质增效。在党中央的高度重视下，国内许多地区的旅游企业和旅游景区都进入了改革转型的快车道。例如，湖北宜昌三峡旅游区实现了成功转型，打造了中国内河游轮旅游品牌，开发"长江夜游""三峡升船机"等新产品，打造了连锁旅游路线，包括"游轮＋三峡大坝、三峡人家、三游洞"核心产品组，"两坝一峡＋"一日游等；贵州省遵义会议纪念馆致力转型升级，进行旅游业与多媒体技术的创新融合，开发了沉浸式博物馆观展体验。在遵义会议陈列馆中，专业人员采用多媒体情景剧、多媒体历史场景等展示手法，再现长征历史和英雄人物，运用国际化、现代化的先进设计理念，将高科技、信息化手段与艺术审美紧密结合，掀起了红色旅游的新风尚。又如，甘肃省张掖市在推进旅游产业转型的进程中取得了显著成效。张掖市，历史上又称甘州，在西汉时以"张国臂掖，以通西域"而得名，拥有十分丰富的旅游文化资源。当地相关部门统筹谋划全局，制定出台了《关于进一步加快旅游业发展的意见》，推进项目建设，全力招商引资，培育特色品牌，挖掘文化内涵，如今已然成为国内文化旅游领域不可或缺的重要板块。此外，山东省济宁市作为孔孟之乡，大力发展文化旅游产业，持续推进文化与旅游的深度融合，真正实现了将文化资源优势变为旅游产业优势的深刻转变。济宁当地的诸多景区以孔子为引领打造儒家品牌，开创东方特色的餐饮、住宿配套服务，并推进智慧旅游建设，实现了多方面的创新与突破。

总而言之，在国际经济发展趋势与国内社会情况变化的多重因素影响下，我国的旅游业不仅规模持续扩大，更在转型升级的路线上越走越远，获得了一系列喜人的成绩。许多旅游企业和旅游景区成功转型，为国内其他旅游产业做了良好的示范。这些大量的成功示范为今后旅游业的进一步深入发展与"云数智"化创新转型提供了大量可借鉴的经验，同时为旅游业"云数智"转型创造了优良的社会环境。

## 三、政府对旅游业"云数智"转型高度重视

在信息技术迅猛发展的今天，各行业乃至人们的日常生活都与信息技术密切相关，曾经传统的生产生活方式正在悄悄发生变化。党中央深刻认识到了信息时代的深远意义，强调将信息技术与各项产业相结合，实现信息化创新转型发展。而旅游业"云数智"转型发展则成为新业态发展的一个重要方向，为此，党中央与有关部门已发布相关文件，以期实现我国旅游业的信息化转型。

早在 2017 年，党的十九大报告中就曾提出"加快推动互联网、大数据、人工智能和实体经济深度融合"的战略目标。2018 年全国网络安全和信息化工作会议上，习近平同志强调，要发展数字经济，加快推动数字产业化，依靠信息技术创新驱动，不断催生新产业新业态新模式，用新动能推动新发展，要推动产业数字化，利用互联网新技术新应用对传统产业进行全方位、全角度、全链条的改造，提高全要素生产率。2019年 8 月，国务院办公厅印发《关于进一步激发文化和旅游消费潜力的意见》，并在促进产业融合发展的措施中提到促进文化、旅游与现代技术相互融合，发展基于 5G、超高清、增强现实、虚拟现实、人工智能等技术的新一代沉浸式体验型文化和旅游消费内容，在国家层面对"云数智"化背景下的旅游企业发展提出转型要求。

在国家大力推进实施网络强国、创新驱动发展、大数据、"互联网 +"等一系列重大战略的背景下，多个省区市已出台推动数字经济发展的政策

文件，对数字经济的支持力度不断加大。其中，"智能+"成为产业升级、科技创新的重要抓手。各地政府大力发挥政策引导功能，积极推动"智能+"与传统产业的结合。例如，广西壮族自治区人民政府出台印发了《广西数字经济发展规划（2018—2025年）》。同时，当地政府为了深入实施数字广西战略，推动区块链和经济社会各领域深度融合，又于2020年7月印发了《广西壮族自治区区块链产业与应用发展规划（2020—2025年）》及《广西壮族自治区区块链产业与应用发展指导意见》，这些文件都为当地开展旅游业"云数智"化转型营造了良好的政策环境。

2020年，时任全国政协委员、台盟中央常委、泉州市政协副主席的骆沙鸣强调，如今要解决我国人民群众日益增长的旅游需求与旅游有效供给严重不足之间的矛盾，应将智慧旅游作为发展"全域景区、全产业融合、全社会共建、全民共享、全面高效精细"的全域旅游的有效抓手，要将数字文旅贯穿于文旅融合发展的各环节。主动拥抱智慧旅游是将物联网、云计算、高性能信息处理和智能数据挖掘等新兴技术与旅游产业相结合，主动服务于游客所需所盼、所忧所虑，使旅游资源被高度系统化整合，使多元化、个性化的民众旅游需求得到充分满足、被深度嵌入并激活旅游业吃住行娱游购等各要素。同时，他还提出对智慧旅游建设的几点建议：第一，将智慧旅游规划列入我国"十四五"旅游业发展专项规划；第二，在大数据背景下开发智慧旅游应用软件；第三，构建智慧旅游智能化信息服务平台，提高旅客便利性；第四，及时对我国前三批文化和旅游部公布的智慧旅游试点城市的经验进行总结，形成智慧景区联盟的团体标准，并将其上升为行业标准；第五，结合中国特色的智慧城市建设，按照各城市智慧旅游的需求导向性和环境制约性，进一步加强个性化、差异化的智慧旅游信息生态系统与信息生态链的构建；第六，大力打造我国乡村智慧旅游聚集区，创新智慧乡村旅游发展路径，增强智慧乡村旅游竞争力。

2021年8月27日，国务院新闻办公室就文化和旅游赋能全面小康有关情况举行发布会。文化和旅游部提出，着力推动大数据、云计算和人工智能等信息技术在旅游领域的应用普及，创新智慧旅游公共服务模式，进一步提升智慧旅游管理水平，加快推进旅游业的数字化改造和转型升级。同时，文化和旅游部还印发了《智慧旅游景区建设指南》，以推进预约旅游、错峰出行。

## 四、旅游产业的现代化转型趋向愈发明显

中国的旅游业自改革开放以来，一直保持着健康、持续、快速的发展态势，领先于各行业。联合国世界旅游组织对中国旅游发展状况的测算显示，中国旅游产业对国民经济综合贡献和社会就业综合贡献均超过10%，高于世界平均水平。全国各地游人如海的景象背后，凸显着全局旅游发展的巨大活力。

中国旅游业虽然每年都有很亮眼的数字，但实际上经济潜力还未被完全释放，这是因为以往国内的旅游方式只是景区式观光，如到厦门就只去鼓浪屿，到湖南就只去张家界，结果就是令每个地方的"景点"的人满为患，大家去旅游时，往往只是"给了门票进去挤"，这亦导致旅游经济变相集中在单一景点上。因此，目前国内多地的地方政府推出了系统的旅游措施，给旅游产业的现代转型赋予更多动力，以帮助推动"真正的旅游"，即"全域旅游"的发展。

所谓的全域旅游，可以理解为深度旅游，不只是到"景点"走马观花，而是走访当地大街小巷，体会当地的生活文化等。与此同时，将旅游与当地的不同产业结合，可以让旅游成为不同产业的助推器，例如，"旅游＋农业"，可以开发农场生态体验游项目，一方面，让旅客感受当地的真正面貌，另一方面，把旅游所带来的经济收益更直接地引入不同产业，而不再局限于售卖门票和在观光景点开设商店。这种转型长远将能更有效地提升旅游经济，释放更大的潜力。

全局化旅游可以使旅游业成为一项综合性产业，为不同产业带来机

遇。以江苏为例，无锡阳山的田园东方集团就做到了集现代农业、休闲旅游、田园社区等产业为一体，倡导人与自然和谐共融与可持续发展。在到当地旅游的过程中，游客可以真正了解和接触到当地的"三生"（生产、生活、生态）、"三产"（农业、加工业、服务业）。河南的栾川县也依托核心景区，在景区周边和旅游通道沿线大力发展观光休闲农业，实现了"旅游＋农业"，从而打造出乡村旅游新亮点，逐渐形成"一区带一村、一区带一沟"的乡村旅游格局。旅客到当地旅游时不再只是买门票去参观，而能到当地居民生活的地方感受、娱乐和消费，这带动了当地农业和商业的发展。由此可见，相比于景点旅游模式，全域旅游使旅游模式更为多样，大大丰富了旅游的内容，也使人们将异地旅游融入生活之中，使旅途中的风景更迷人，观感更贴切，感悟更深。

目前国内旅游消费者群体正在年轻化。80后、90后在消费群体中占据了很大一部分，正在成为旅游市场消费的主力军。而高质量的服务体验和有深度的实地感受亦最受这个年龄段游客的青睐，这推动了"全域旅游"的发展。

全域旅游，不仅能带动广大乡村的基础设施建设，提高农业人口的福祉，还能提升城市人口的生活质量，形成统一高效、平等有序的城乡旅游大市场。这是全面建成小康社会的重要内容和重要标志，也是促进旅游业转型升级和可持续发展的必然选择，是推进我国新型城镇化和新农村建设的有效载体，有助于全面提升我国旅游业的国际竞争力。

总的来看，全域旅游的现代化转型模式为旅游业"云数智"转型营造了良好的社会环境，为旅游业"云数智"发展积累了庞大的受众群体，有利于打造更有承载力的旅游发展平台。

# 第二节 旅游业"云数智"化转型面临的挑战

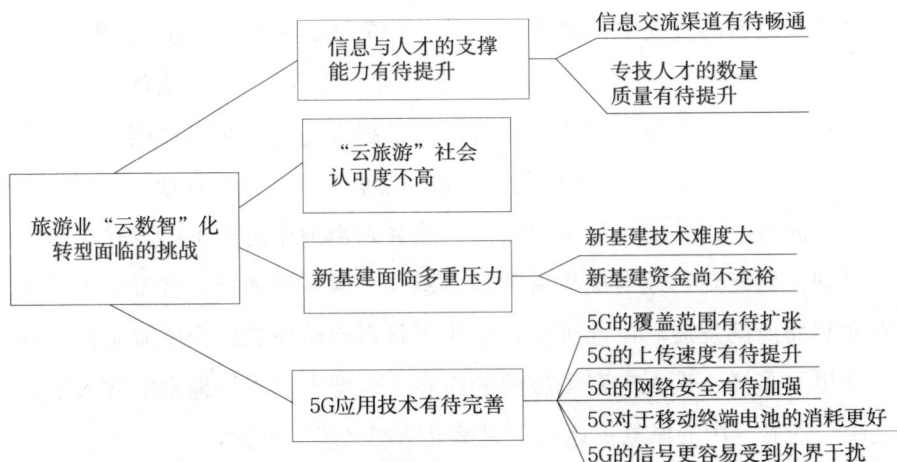

图1-1 旅游业"云数智"化转型面临的挑战

## 一、信息与人才的支撑能力有待提升

目前，我国的信息技术已经发展到较高水平，在世界各国的信息发展与交流中扮演着极其重要的角色。这些技术成为旅游业"云数智"转型的重要基石与保障，但我国在"云数智"转型相关的信息、人才等层面上还存在较大的上升空间。

### （一）信息交流渠道有待畅通

旅游业"云数智"转型发展需要综合运用云计算、大数据、人工智能等新型技术，要求实现新型技术的现代化融合，这就要求相关领域的工作者协同合作，在构建全新的智慧旅游、云旅游等平台时加强交流与沟通。旅游业"云数智"转型不是单纯针对某一种技术的，而是对多项信息技术的整合与创新，所以人们必须打通信息交流渠道。要搭建相关领域人员沟通交流的渠道，适时召开专业探讨会议，交流关于旅游业发展的新思路、新建议；要畅通信息上传下达的通道，提升信息传输效率，提高决策层对旅游业相关重大事项的处理速度。

### （二）专技人才的数量与质量有待提升

旅游业"云数智"转型发展需要依靠大量的专技人才，这就需要进一步扩大专技人才队伍。可是目前旅游行业普遍存在就业门槛、薪酬水平低、社会美誉度和认可度不高等问题。旅游人才跳槽现象加剧，旅游人才流失率居高不下。

对此，人们应进一步扩大旅游行业专技人才的规模，提升专技人员的数量与质量，具体可参考如下措施。

第一，要加强旅游专技人员的培训，培训是提升人才专项技能的主要手段，培训活动要全面化、体系化，贯彻人才发展的全过程，包括专业知识的掌握与信息设备的操作技能等。

第二，要开展旅游专技人员的示范工程建设，在众多的相关领域工作人员中，以科学合理的指标选拔出能力出众的人员，以他们为其他工作人员的表率，从而激发人们的工作热情，让人们向着更高的目标迈进。

第三，要完善人才引进制度，可以大量引进海外具有相关专业技术的人才，让他们在我国的相关岗位"发光发热"。

第四，妥善推行旅游专技人才的继续教育制度，健全继续教育与高级研修的管理方案，推动专技人才继续教育的不断完善。

第五，推动旅游专技人才队伍的规模扩大与岗位建设，加大政策创新与改革力度，努力为旅游业专技人才提供更多的对口岗位，不断补充人才队伍。

## 二、"云旅游"社会认可度不高

旅游作为一项休闲娱乐的活动古已有之，据历史记载，我国早在公元前22世纪就已经出现原始旅游活动。春秋战国时期，旅游活动越发频繁。到了魏晋时期，寄情于山水之间的名士更是将古代旅游发展到了极致。经过多年发展，我国积累了大量灿烂的旅游文化，无数的文化瑰宝与自然景观成为每一位国人的骄傲。

目前，我国的"云数智"技术已经较为成熟，在各行各业的应用也比较普遍，在此基础上，"云旅游"应运而生。在"云数智"平台上构建的全新旅游模式，即"云旅游"，"云旅游"与传统旅游最大的不同就是，旅游者无须亲自达到旅游目的地，而能运用移动终端，在网络上查询、观看旅游目的地相关的景观，或使用软件与应用，模拟旅游活动。可见，"云旅游"与传统旅游方式存在较大的不同，它与信息技术巧妙结合，实现了旅游产业的时代性转变。

不过，"云旅游"的受众数量并未出现明显的增多，这是由于在传统的观念中，人们认为旅游必须身临其境、亲自感悟。对许多人来讲，"云旅游"这种无法实现亲身体验的旅游方式不可被称为真正的旅游，它丧失了旅游的精髓，旅游者在虚拟的云端无法产生内在的心理共鸣，无法真正达到放松和愉悦身心的目的。因此，目前"云旅游"的社会认可度仍然不高。

## 三、新基建面临多重压力

在信息时代，与高度信息化、智能化相匹配的是大量的新型基础设施。旅游业"云数智"转型发展需要依赖比较完善的新基建，只有筑牢新基建的基石，才能助力旅游业的创新发展。然而，目前我国的新基建面临多重压力。

### （一）新基建技术难度大

新基建是以建设信息化社会为根本宗旨的设施建设，在具体的实施过程中，对施工人员的技术水平有很高的要求，具有技术密集型的特点。新基建的芯片、传感器、服务器等方面的相关技术还存在明显的不足与短板。同时，新基建技术更新迭代很快，在前些年被广泛应用的技术很可能会伴随某一项新技术出现而瞬间失去价值，在建设初期就要考虑技术扩容升级空间。

另外，新基建具有"硬件＋软件"的特点，在大量的传统行业企业网络化、智能化转型升级的过程中，建设初期一般都需要大量专业技术人才来建设，由于普通用户对新技术及其成果不甚了解，还需要专业技术人才指导用户使用。总之，新基建技术难度很大，对从业人员的专业水准提出了更高的要求。

### （二）新基建资金尚不充裕

新基建需要大量的资金投入。与传统的基础设施建设不同，新基建会广泛应用高新技术材料，成本较高。但由于我国各地情况不同，各地政府的财政拨款力度各有差别，在某些地区，政府比较重视信息化与创新领域的发展，着力推进产业发展，而某些地区，由于政府财政状况不佳，可下拨的预算有限，甚至有些地区政府的债务水平比较高，完全依靠政府的财政支持和债务支持也是不现实的。可见，实现全方位、多领域的新基建，仍然面临着很大的困难，这成为旅游业"云数智"转型过程中的一大障碍。针对这一问题，笔者认为，新基建项目的融资必须依靠多元化的融资体系，并在融资方式上有所创新。

首先，要构建多元投融资体系。发展新基建的关键在于筹措资金，因此发展多元化的投融资体系是很有必要的。政府需要实施积极有效的财政政策，尽快出台相应的配套措施，对新基建提供行之有效的、持续性的财政支持，例如，可以通过产业引导基金、担保基金等方式不断吸引市场资本参与新基建项目的建设。只有积极实行财政政策，让资金跟着项目走，做好资金流转与引导工作，才能吸引更多资金汇入新基建之中。

其次，要激发民间投资的活力。政府既要推行相关政策，协同各有关部门共同进行多元化投融资，也要广泛依靠民间力量，对民间资本一视同仁，激发民间投资活力，共同助力新基建。因此应进一步提升各市场主体参与新基建投资的机会，规范政府与民间资本的合作模式，为新基建创造更优的社会经济环境。

### 四、5G 应用技术有待完善

5G 应用技术是一个比较复杂的体系，需要涉及的技术领域比较多，就目前来看，其体系发展尚不完善，仍然存在一些不足。在旅游产业中，旅游业正在努力向"云数智"的方向发展，这亟须旅游产业与 5G 技术进行高度结合，所以，目前 5G 技术仍需完善的现状是旅游业"云数智"转型发展时面临的重要挑战之一。

### （一）5G 应用技术

5G 应用技术，即第五代移动通信技术（5th generation mobile communication technology），简称 5G。该项技术是 21 世纪信息技术领域的重大技术进展之一，对提升网络传输速度，实现人机物互联具有十分重要的促进意义。

5G 技术至今已发展近十年。2013 年 2 月，欧盟宣布拨款 5000 万欧元，用于支持 5G 技术的发展，并表示将在 2020 年推出比较成熟的 5G 相关技术标准。同年 4 月，我国工信部、发展改革委等多部门共同致力 5G 的发展研究，并团结社会多方力量，以期共同实现 5G 技术进一步发展。

2016 年是我国 5G 技术发展的重要时间节点。在这一年，中国 5G 技术研发试验正式启动，并于当年的 5 月 31 日在北京举行第一届全球 5G 大会，此次会议由中国、美国、欧盟多国共同主办。该会议对 5G 的未来发展做了比较详细的规划，表示 5G 技术会在未来丰富互联网用户的体验，满足社会多行业发展的需求。

2019 年 10 月 31 日，中国三大电信运营商公布 5G 商用套餐，并于

11月1日正式上线5G商用套餐。2020年3月4日，中共中央政治局常务委员会会议强调，加快5G网络、数据中心等新型基础设施建设。2021年4月15日，在第八届中国（上海）国际技术进出口交易会上，大汉三通控股集团有限公司亮相科技创新展区，并展示了融合通信在电商等各垂直领域的应用，包括智能门锁识别系统、沉浸式游戏互动等。2022年6月27日，中国广电5G网络服务正式面市，中国广电5G全新192号段正式向公众放号。

如今，5G技术已经在社会中诸多领域被广泛应用，包括工业领域、教育领域、医疗领域、智慧城市领域、金融领域等，当然，还有旅游领域。例如，在工业领域，5G技术已经与工业产品的技术研发、生产制造、运营、售后服务等诸多环节实现结合，具体如远程控制、AR辅助装配、AGV物流、自动驾驶、设备感知等；在教育领域，5G技术推动了教育方式的创新，帮助教育工作者围绕课堂建设打造出了全方位的智慧课堂，如5G+智慧课堂、5G+智慧校园等，这大幅提升了校园管理的时效性与精准性。各种新设备所采集的信息和数据，能够帮助管理人员更好地管理校园，如远程巡考、管理校园人员、管理学生作息、管理门禁等；在智慧城市领域，5G技术在城市的安全防护、救援分配等方面有广泛应用，并明显提高了城市相关部门处理突发情况的效率；在金融领域，5G技术的应用场景愈加多样化，无论是银行前台，还是后台的软件与程序运行，都在逐步实现与5G的长效融合。在旅游领域，5G技术助力现代化文旅发展进入了快车道，随着5G技术创新应用的发展，5G智慧文旅应用场景愈发增多，如景区管理、游客服务、线上观展、景区监控、安全巡防、VR直播等。5G在文旅行业的大规模运用，大幅提升了旅游活动的丰富性与多元性，提升了旅游活动的便捷性，同时增加了旅游的趣味性。总之，5G的诞生使现代化"云数智"旅游方式发生了重大转变。

### （二）5G 应用技术的不足

虽然 5G 在许多领域有广泛应用，并在一定程度上促进了各行业的跨越式发展，但 5G 毕竟是近几年的新兴技术，在一些方面还有待完善，还需要专业人员做出更多的努力。

第一，5G 的覆盖范围有待扩大。相比于 3G、4G 等技术，5G 对基建设施的要求更高，以往的基建设施无法满足 5G 的基本需求。但是受经费、人员、时间等条件的限制，目前各国的 5G 基建设施尚不完善，并主要集中于各大中型城市之中，村庄乃至小型城市的 5G 设施分布较少，甚至几乎没有。这就导致 5G 信号的覆盖范围不够大。同时，多数景观类旅游景区都位于比较偏远的地区，缺乏 5G 的覆盖，对"5G+旅游业"的发展无疑有一定的阻碍。

第二，5G 的上传速度有待提升。5G 最大的优点在于其远超 4G 的网络速率，但是这种速度的提升却主要体现在下载速度上，5G 技术可以让移动终端用户在很短的时间内完成大量文件的下载工作。但是，5G 的上传速度却与 4G 没有太大区别。

第三，5G 的网络安全性有待加强。5G 技术之所以能够大幅提升网络传输的速率，是因为进行了技术革新，并大幅扩展了带宽。不过，带宽的扩展虽然带来了一定的优势，却也给了网络黑客以可乘之机，这让网络犯罪分子能够更加轻松地窃取数据，入侵互联网云端，导致游客、景区信息泄露。所以，无论是 5G 技术的研发人员，还是正在应用 5G+旅游的景区和企业，都应当对 5G 网络的安全提起高度关注，尽量把黑客入侵的风险降到最低，以保证 5G 网络体系的安全。

第四，5G 对移动终端的电池消耗更高。毋庸置疑，5G 技术提升了用户的移动终端体验感受，人们可以在 5G 技术提供的平台上享受更快的网络速度，体验从未使用过的全新软件或应用。但 5G 的强大功能与更多应用也为移动终端带来了一定的负面影响，其中最重要的便是手机耗电量的持续增多，这是 5G 专业技术人员必然要考虑的一个重要问题。例如，游客在旅游景区中游玩，如果不启动 5G，手机的电量足以使用一整天，但是应用 5G 之后，很可能使用半天之后就会面临手机没电的尴尬情况。同时，这会对手机的电池造成一定程度的损害。

第五，5G 的信号更容易受外界干扰。5G 技术所使用的信号为高频信号，这种信号能够有更高的传输效率，但是其更容易受其他物体的干扰。例如，大量密集型的高大建筑很可能会影响 5G 的运行效率。所以，如何提高 5G 应用技术的抗干扰能力，也是专业人员需要认真考虑的重要方面。

总之，5G 技术的诞生是互联网进入新时代的重要标志，实现了 4G 技术的再一次跨越，实现了传输效率的大幅提升，更丰富了用户的体验。但是，5G 应用技术尚存在亟须完善和提高的方面，这在一定程度上阻碍了"云数智"旅游业的进一步融合与发展。

# 第二章　旅游业"云数智"化转型的内涵

## 第一节　"云"——新型生产力

### 一、云计算的相关概念

进入 21 世纪，云计算（cloud computing）逐渐成为 IT 领域的热点话题之一，更是当代社会多数企业所高度关注的领域。云计算的产生不是偶然，它是以信息技术为支撑的一种新型技术，令传统的生产方式发生了重大变化，有效解放了生产力，转变了生产方式，催生了新的技术变革。虽然云计算技术每个人都有所耳闻，但谈及云计算的相关概念，并非人人都十分明确。需要注意的是，云计算并不是一种虚无缥缈的学术界术语，而是基于多项计算机技术而研发出来的新兴计算方式。

#### （一）云计算的定义

云计算，是一种基于互联网的计算方式，云计算的"云"，其实就是网络或互联网的另一种说法。运用这种新型的计算方式，人们可以共享软硬件资源，实现资源的快速高效传输，大幅提升办公效率。云计算的核心，是将大量用网络连接的计算资源进行统一管理和调度，构成一个计算资源池，向用户按需提供服务。之所以叫云计算，是因为这种计算方式在某些方面与人们现实生活中所看到的云具有相似性。例如，云朵在天空中会不断变化、飘忽不定，人们无法具体判断它的位置，更难以触摸，而云端也是如此，人们同样无法触摸。另外，云朵看上去并不大，但是由于距离遥远，它们所涉及的领域与范围很大，而云端也是一个体量庞大的存储空间。

目前学界对云计算所下的定义种类较多，尚无明确的、一致的说法。

有人认为，云计算是基于 IP 网络的超级计算模式，在云计算基地把大量的电脑和服务器连在一起形成一片"云"，用户无论在何时何地，都能够无须通过基地工作人员而使用个人电脑或手机等智能设备的客户端连接到云，并在云平台上根据自己的喜好或需求增加、删减资源，以实现对资源的高效利用。

维基百科对云计算的定义如下：云计算是网络转化为服务的计算方式，用户无须了解提供这些服务的原理及物理资源，即使没有设备操作能力也可以在界面操作，并通过网络连接到数据中心完成自己的工作。

美国国家标准与技术研究院对云计算的定义如下：云计算是一种计算模式，由计算单元、储存设施、应用软件等组成的共享的数据中心，客户可以通过云计算访问该数据中心。

总之，不论是学界还是商界，人们都对云计算有大量广泛的研究，对其定义也是众说纷纭。结合各种定义，笔者认为，云计算是一种基于互联网，并能够实现便捷、按需共享资源访问的新型计算模式。

### （二）云计算的特点

云计算的特点主要包括技术虚拟化、动态可扩展、按需求部署、灵活性高、可靠性强、性价比高等。云计算的特点如图 2-1 所示。

```
                              ┌─ 技术虚拟化 ─┐
                              ├─ 动态可扩展 ─┤
                              ├─ 按需求部署 ─┤
              云计算的特点 ──┼─ 灵活性高 ──┤
                              ├─ 可靠性强 ──┤
                              ├─ 性价比高 ──┤
                              └─ 可扩展性 ──┘
```

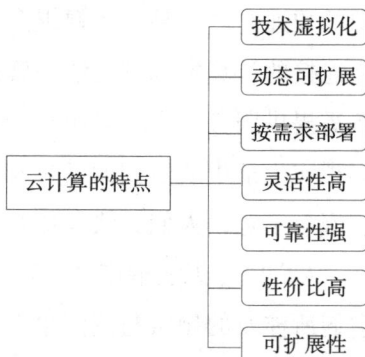

图 2-1  云计算的特点

1. 技术虚拟化

技术虚拟化，能够让人们打破时间与空间的界限，这也是云计算最大的特点之一。它以互联网技术为依托，将各种信息与资料储存在云端。这些信息以一种虚拟的形态存在，在现实世界中并不存在，却能够经由使用者的相关操作而显现出来，影响人们的一系列活动。

2. 动态可扩展

云计算具有动态可扩展性，在原有的服务器上，人们可以随时对运算能力进行扩展，提升云计算的效率，最终达到动态扩展虚拟化的层次，实现对应用进行扩展的目的。

3. 按需求部署

计算机储存空间很大，其中包含各种信息、软件、程序等，不同的应用或程序所对应的数据库也有所不同。用户在使用不同的应用时，就要根据应用的繁复程度进行不同程度的部署，云计算平台能够根据用户的需求快速匹配相应的计算方式。

4. 灵活性高

目前市场上大多数源和软、硬件都支持虚拟化，如存储网络、操作系统和开发软、硬件等。虚拟化要素统一放在云系统资源虚拟港中进行管理，可见云计算的兼容性非常强，能够兼容不同硬件厂商的产品，兼容低配置机器和外设，因此有更高的灵活性。

5. 可靠性强

即使服务器出现故障也不影响计算与应用的正常运行。因为如果单点服务器出现故障，云计算可以利用虚拟化技术恢复分布在不同物理服务器上面的应用，或利用动态扩展功能部署新的服务器进行计算。

6. 性价比高

将资源放在虚拟资源池中统一管理在一定程度上优化了物理资源，用户不再需要昂贵、存储空间大的主机，可以选择相对廉价的 PC 组成云，一方面减少用户费用，另一方面计算性能也不逊于大型主机。

7. 可扩展性

用户可以利用应用软件的快速部署特性更加简单快捷地对自身所需的已有业务以及新业务进行扩展，如当计算机云计算系统中出现设备故障时，对用户来说，不论是在计算机层面上，还是在具体运用上，均不会受到阻碍，甚至可以利用计算机云计算具有的动态扩展功能来对其他服务器开展有效扩展，这样一来就能够确保任务的有序完成。在对虚拟化资源进行动态扩展的同时，人们能够高效扩展应用，提高计算机云计算的操作水平。

## （三）云计算的类别

根据部署方式的不同，云计算可以被分为私有云、公有云、社区云、混合云四种不同的类别。云计算的类别，如图 2-2 所示。

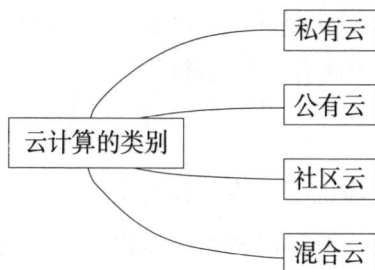

图 2-2　云计算的类别

## 1.私有云

私有云，指仅在一个企业或组织范围内部使用的云，是个别企业所私有的，运用私有云能够高效管控企业的信息安全与服务质量等。绝大多数的私有云都是由企业或三方机构运营管理的，在特定情况下，二者也会共同管理，进一步提升管理效率。

私有云最大的优点在于安全性、法规遵从性、定制化。安全性，指运用内部专用的私有云，能够让企业实现对任何设备的操控，并通过精准操控，部署最为适宜的信息安全措施，保证能安全有效地运作系统。法规遵从性，指在私有云的常规模式下，企业能够确保它们的数据储存满足一切与之相关的法律法规，让一切具体规定与活动都在法律允许的范围内开展，同时，企业还能完全控制安全措施，在特定情况下还能将数据保存在特定的地理区域，以便留存或之后的调取。定制化，指私有云能够让企业更加准确地选择进行与自身程序应用与数据储存有关的硬件，这样有助于私有云的活动更加精准、便捷，不过这一般是由服务商来提供相关服务的。

此外，私有云也因客观条件的限制，存在一些难以避免的劣势，包括成本方面、管理方面、灵活性方面。在成本方面，由于私有云由个体企业购买和管理自己的设备，与公有云相比需要更多的资金成本，员工的成本与资金消耗也会更高。在管理方面，企业在建立私有云时，私有云中的一切配置和部署都需要独立完成，还要针对私有云提前创制有效的保护措施，这一系列活动都要企业的专门人员进行全面管理，可见管理具有一定的复杂性，因此对企业的管理能力提出了更高的要求。在灵活性方面，由于私有云属于企业私有的云端，与其他云端的联系不够紧密，想要获取其他资源，或进行资源共享，往往需要花费更多时间，扩展的灵活性会大打折扣。

2.公有云

公有云，又名公共云，也是人们日常所提到的云的基本含义，是最基本的云计算服务。目前绝大多数的云计算企业主要研究和发展的都是公有云服务。公有云一般能够接入互联网使用，接入之后能够连接更多领域的资料库，实现资源沟通共享。公有云一般面向普罗大众，也向行业组织和政府机构提供使用服务，由第三方机构负责资源调配。

公有云最大的优点在于其灵活性、可扩展性、高性能和较低的成本。灵活性，指在公有云模式下，使用者甚至能够即刻配置和部署全新的计算资源，把更多的精力放在更加重要的方面，从而有效提升整体商业价值。同时，使用者还能在一系列的运行活动中更加便捷地根据自己的需求改变资源配比与资源组合方式，实现效率最大化。可扩展性，指当应用程序的使用频率明显增加时，用户能够轻松地根据自己的需求增加资源，许多公有云的服务商为用户提供了丰富而充足的扩展功能，方便他们的工作，并帮助人们高效完成扩展储存工作。高性能，指公有云服务商能够利用该技术轻松部署高性能任务，在数据中心安装最新的应用程序，为企业提供按需支付的服务。低成本，指公有云数据中心存有大量资源，公有云服务商的产品定价一般也比较低，所以使用公有云的成本就比较低，这能减少许多不必要的开支，如员工成本等。

此外，公有云也存在一些劣势，主要体现在安全方面与不可预测问题方面。在安全方面，假如企业想要放弃他们的基础设备，将以前存在基础设备上的资源转存到云端时，有可能会出现安全问题，无法保证数据信息的绝对安全，很容易成为黑客的攻击目标，这是一种潜在的安全隐患，需要相关人员提起高度重视。不可预测问题指公有云按使用需要而付费的模式在某些方面是一把双刃剑，它虽然明显降低了公有云的使用成本，但往往会为其带来一些其他方面的开销，如使用某些特定程序会出现高额费用等。

### 3.社区云

社区云，指面向具有共同需求的两个或多个组织的内部"云"，社区云也是一种公有云。社区云一般由参与组织或第三方组织负责管理和运营。例如，深圳大学城云计算服务平台和阿里旗下的 PHP wind 云就是十分典型的社区云。具体来讲，社区云具有如下特点：区域性与行业性，特色应用的有限性，资源的高效共享性，社区成员有高度参与性。

### 4.混合云

混合云，指由单个或多个私有云与公有云共同结合打造而成的混合型云环境，混合云具有公有云与私有云的双重特性，其优势比较明显，一方面具备多重功能，另一方面又能够满足客户的多种需求，如安全需求、控制需求等。混合云虽然由私有云与公有云共同构成，能够实现数据交流互换等，但内部云之间互相独立，又具有一定的独立性。混合云一般由多个内外部的提供商负责管理和运营。

混合云最大的特点在于，它集成了公有云强大的计算能力与私有云的安全优势，让云平台中的服务通过整合能为用户提供更具灵活性的解决方案。混合云能够同时解决公有云与私有云的问题，实现资源的高效运用。例如，混合云可以解决公有云的安全问题与私有云的成本问题，还能有效扩充其扩展空间。

### （四）云计算的应用

#### 1.云物联应用

物联网（Internet of things, IoT）与云计算的结合产物可以被比作网络世界中的神经系统。物联网，或者说"物物相连的互联网"，本质上还是互联网的一种延伸和扩展。它不仅将互联网的用户端延伸到了物品上，实现了信息的充分交换和通信，还通过云计算的支持，实现了海量数据的高效处理和智能分析，极大地增强了物联网设备的功能和应用范围。

### 2.云安全应用

云安全是从云计算技术演变而来的概念。在这一模式下，庞大的用户群体能够为网络安全提供更强的保障。云安全利用分布式的客户端网络对异常软件行为进行监测，从而实时捕捉网络中的恶意软件和病毒信息。这些信息被传输到服务器端进行分析处理，随后，有针对性的防御措施和解决方案便能被迅速分发至每一个连接的客户端，保证系统的整体安全。

### 3.云储存应用

云存储是云计算的一个重要分支，指通过集群应用、网格技术或分布式文件系统等将大量不同类型的存储设备集合起来，共同提供数据存储和业务访问服务。云存储系统的核心在于数据的存储和管理，它使大规模数据的处理和访问变得更为高效和便捷。

### 4.云呼叫应用

云呼叫中心是基于云计算技术而构建的，这极大地降低了企业建立呼叫中心的门槛。企业无须自行购置软硬件，即可快速部署并运行属于自己的呼叫中心系统。云呼叫中心具有建设周期短、投入少、灵活性高、维护成本低等特点，能够有效提升企业的服务效率和客户满意度。

### 5.私有云应用

私有云将云基础设施及软硬件资源部署在内部网络中，仅供内部部门或机构使用，这确保了数据和操作的安全性与私密性。现代的私有云平台可以提供高效和可定制的云服务，满足特定企业对性能和安全性的严格要求。

### 6. 云游戏应用

云游戏展现了云计算应用于娱乐行业的潜力。在云游戏模式下,游戏在服务器端运行,而玩家只需要完成基本的视频解压即可感受高质量的游戏画面。这种模式预示着未来游戏设备可能不再需要高端的本地处理器和显卡,从而降低了用户的硬件成本,同时为游戏开发商开辟了新的业务模式和收入来源。

### 7. 云会议应用

云会议利用云计算技术为用户提供了一种高效、低成本的远程会议解决方案。用户只需通过互联网进行简单操作即可与全球各地的团队和客户进行实时交流,分享语音、数据和视频等内容。云会议服务减轻了企业在硬件和技术支持上的负担,使远程沟通变得更为便捷和高效。

### 8. 云社交应用

云社交是物联网、云计算和移动互联网技术结合之后的产物,它通过构建一个全面的资源分享关系图谱,促进了用户间的交互和社交活动。云社交平台不仅整合了大量社会资源,还为用户提供了高效的服务,使用户可以在一个统一的环境中进行交流和互动。

### 9. 云基础设施管理

随着企业对云服务的依赖不断加深,有效管理云服务的基础设施成了一项挑战。云基础设施管理涉及监控和管理物理和虚拟服务器、存储解决方案和网络资源。通过使用云管理平台,企业能够实时监控资源使用情况、优化资源配置并实现日常运维任务的自动化完成,从而提高运营效率,降低成本,并确保服务的持续可靠性。

### 10. 云数据分析和机器学习

云计算平台逐渐成为大数据分析和机器学习项目的首选基础设施,为用户提供了必要的计算能力和大规模数据存储解决方案。企业通过云平台可以访问先进的分析工具和算法库，以完成从消费者行为分析到复杂的预测模型的各种数据洞察任务。这些分析结果可以帮助企业做出更正确的业务决策，提高企业市场竞争力。

11.云集成服务

随着企业越来越多地采用多种云服务和应用，人们需要将这些服务有效集成为一个协调一致的 IT 环境，云集成服务就为此提供了工具和平台，帮助企业整合不同云服务的数据和流程。这种集成不仅提升了操作效率，还增强了业务流程的透明度和可管理性。

## 二、云计算的发展历程

近些年，随着我国经济实力的显著增长，我国在科技领域也取得了令人瞩目的成绩，IT 技术实现了大跨越，新技术的产生与革新令人目不暇接。云计算也在众多高新技术中异军突起，并在许多行业获得广泛应用，成为与每个人日常生活息息相关的重要技术。云计算自产生至今，已经经历了几十个年头，在这漫长的过程中，云计算也曾发生多次变革，发展历程充满了曲折。

### （一）云计算的起源

云计算技术的构想起源于 1961 年，当时美国的著名人工智能学家约翰·麦卡锡（John McCarthy）提出"效用计算"的概念，开启了云计算技术发展的先河。

1983 年，SUN 公司提出"网络就是计算机"的全新概念，这意味着人们开始探索以网络为中心的计算模式，并颇具预见性地预言了"超级计算"时代的到来。

1999 年，马可·贝尼奥夫（Marc Benioff）结合自己多年的工作经验，准确判断局势并表示，随着互联网的快速发展，因其所具备的渗透性与广阔性，将会有越来越多的企业与互联网开展合作，从而获取软件服务，提升企业效益。基于此，他与合作伙伴达成共识，并于这年3月份一起创办了 Salesforce 公司，提出"软件即服务"的新理念。这一公司的成立，可谓云计算发展历程中的重要里程碑，表明云计算开始进入正式的发展阶段。2002年，亚马逊公司开始研发亚马逊云计算服务（Amazon Web Services, AWS）平台，该平台旨在以互联网为媒介，将储存空间、计算能力、数据库等资源以按需付费的方式租赁给个人、公司或政府。4年后，亚马逊公司在此前的基础上，又开始推出简单储存服务。同年，谷歌公司也开始着手筹备云计算发展业务。在亚马逊、谷歌等大型公司关于云计算服务的研发开始逐步形成规模后，越来越多的企业加入云计算服务行业。

### （二）云计算的发展

云计算的发展可以大致分为4个阶段，分别是电厂模式阶段、效用计算阶段、网格计算阶段、云计算阶段。

#### 1.电厂模式阶段

电厂模式，指电厂利用规模经济效应降低电力的价格，让用户在不需要购买任何发电设备的情况下方便快捷地使用电力的经营模式。云计算早期借鉴电厂的经营思路，提出新的构想，希望建立大规模的计算机集群，用计算机的运算能力对资源进行科学合理的统一分配，从而使用户能够享受成本较低、可随取随用的计算资源。

#### 2.效用计算阶段

效用计算，有些类似于传统公共设施的计量服务，具有初始成本较低的优点。惠普公司早期尝试过效用计算，推出了 InsynQ 来提供可随需求而变的云桌面主机服务，后来又推出了公用数据中心（utility data center, UDC），让用户能够在固定的资源池选择自己需要的基础设施，创建与其他网络空间相隔离的个人虚拟数据中心。由于技术发展水平受限，效用计算并未完全实现，不过，效用计算的基本理论，为今后云计算厂商的开发提供了大量值得借鉴的思路。

### 3. 网格计算阶段

网格计算，是专门用于解决大规模计算问题的分布式计算模型。"网格"一词源自电力网格，这种网格是用高压线路把分散在各地的发电站连接在一起，并在输电、配电和变电等标准化操作后，将电力统一提供给用户的。而用户也无须过多考虑电力的来源、存量或类型，只要将用电设备的插头插入插座即可使用。

网格计算将互联网中分布在不同地理位置的异构计算机利用标准、开放、通用的协议和接口进行有机整合，形成虚拟的、具有高超计算能力的计算机集群。

网格计算能够处理体量较大、规模较大的运算任务，在处理过程中，它会先将"大任务"划分为"小任务"，再针对性地逐个完成"小任务"，从而降低难度，提升效率，最后将这些结果综合起来。

### 4. 云计算阶段

云计算是分布式计算的一种，它可以被看作效用计算和网格计算的商业实现，与效用计算和网格计算类似，云计算同样希望用户能方便地获得廉价的计算机资源；与效用计算和网格计算不同的是，云计算已经具备成熟的技术和市场规模，以亚马逊和微软等公司为代表的互联网服务提供商均制订了不同层次的商业化解决方案。

## 三、云计算的技术支撑

云计算是一项由多元技术共同构成的新型技术，需要强大的技术作为基础与支撑。如果缺乏相关的技术支撑作为发展基础，云计算就只能沦为"空中楼阁"。云计算主要有四大类技术支撑，分别为网络设施、Web技术、系统虚拟化、移动设备，如图2-3所示。

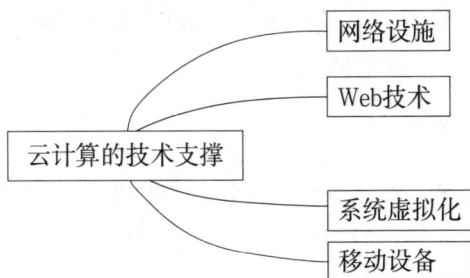

图 2-3　云计算的技术支撑

### （一）网络设施

网络设施为云计算提供坚实的保障。随着时代发展，如今社会中的网络设施种类越来越多，尤其是2010年之后，随着光纤入户技术的普及，社会中已经初步实现"铜退光进"的发展格局。2017年的《中国宽带速率状况报告》曾表示，固定宽带的下载速率已经提升到14~15Mb/s，这已经能满足绝大多数人享用网络的需求。

如此快速的网络得益于不断升级和换代的网络设施，而这些网络设施为云计算的发展提供了可靠的保障，让云计算的效率大幅提升。如今的互联网已经不再是"奢侈品"，并能使终端与云紧密地联系在一起。

### （二）Web 技术

Web技术，自20世纪末期开始"崭露头角"，经过一段时间的发展，已经跨越快速发展期，进入了繁荣阶段。如今，Web技术已经成为人们使用互联网时所依赖的重要手段与技术。早期的Web技术还只是能显示出简单的页面，如今的Web浏览器已经具有十分强大的功能，越来越接近于桌面应用。用户在使用计算机时，主要通过互联网与云相连接，就能通过浏览器使用各种功能强大的Web应用。可以说，Web技术为云计算提供了强大的技术支撑，如果没有Web技术，那么就无法实现互联网络与云的全面互联。

### （三）系统虚拟化

随着 VMware 公司推出的 VMware vSphere 和剑桥大学开发的开源的 Xen 等基于 x86 架构的系统虚拟化技术的发展，如今一台服务器能够整合曾经多台服务器才能整合的内容，这意味着每台服务器的负载能力都被大幅增强，有效地提升了硬件的利用率，还能降低能源的浪费和硬件的购置成本。"更重要的是，这些技术有效地提升了数据中心自动化管理的程度，从而极大地减少了在管理方面的投入，使云计算中心的管理更加智能。"[①]

### （四）移动设备

移动设备经历了快速的发展变革。早期的移动设备仅是能够接打电话和收发短信的基础的联络设备，如今手机更新迭代飞快，无论是苹果的 iOS 系统还是 Android 系统，都取得了极大的发展。现在的手机并不是只能接打电话的工具，而已经成为一个功能十分强大的完善化信息终端。以前只能在计算机上才能够完成的任务完全可以在手机上完成。同时，5G 技术在迅猛发展，在没有无线网络的情况下，手机打开 5G 模式，浏览网页和下载东西的速度比起无线网络也毫不逊色。通过手机这样的移动设备，人们能够轻松访问互联网的各种信息，使用各种软件，这为云计算提供了强大的技术支撑。

## 四、云计算已然成为新型生产力的具体表现

在信息社会，云计算最显著的作用与特征就是帮助人们有效提升生产力，换句话说，云计算已经成为当代的新型生产力，扮演着十分重要的角色。市场研究机构国际数据公司于 2015 年对来自 17 个国家和地区的 600 家制造商进行了调查，发现 90% 以上的制造商在其部分业务中采

---

[①]　李慧玲.云计算技术应用研究[M].成都：电子科技大学出版社，2017：5.

用了云计算技术。可见，越来越多的企业在应用云计算技术，并以该项技术助力生产力的提升。

如今，云计算已使计算机产业发生重大变革，变为"软件＋人＋数据"的生产模式，软件与系统可以被看成一个有机体，人对这个机体进行修改与升级。云计算是当前 IT 技术中解决超大规模的基础设施的管理和超大规模资源的利用和交付等问题的有效工具，云计算对传统业务进行相应改造，从而构建出多元化、一体化、关联性极强的产业体系，并吸收大量参与者加入这一体系，使其变得更加稳固，并获得更广阔的发展空间。2021 年杭州云栖大会以"前沿·探索·想象力"为主题，探讨云计算、大数据等技术的创新发展，会议表示，"面向未来，云计算是社会的基础生产力"。

云计算对制造业生产力的提升有重大助推作用。例如，云计算可以帮助企业做好数控机床与 3D 打印机等制造机械的管理，能够减少传统制造的复杂环节，以更高效、省时的模式来替代，有效降低成本，提高生产率。云计算技术还可以帮助制造商开发脚本，并更轻松地保持更高的准确性。借助云计算技术虚拟仿真工具和建模的能力，人们还可以进行试生产并减少浪费。云计算还能有效提高制造时的预见性，在生产之前，人们就能够对即将产出的产品有大致的预估，并制订更明智的决策，规避可能出现的问题，还能够让制造商更深入地了解供应链，获知库存、生产水平、可用容量等信息。另外，云计算还能提高生产过程的安全性，帮助制造商融合更加广泛多元的产业供应链；等等。

近些年，各种企业的发展转型在火热进行中，其中车企的转型是一个值得关注的焦点。如今，汽车不再只是单纯的代步工具，为汽车赋予更多信息化与智能化设备成为车企重视的发展方向。整车制造商重新设计汽车设计、研发、服务架构方法的尝试，也进一步催生了人们对云服务的需求。云计算可以为汽车添加智能座舱、自动驾驶等服务，加快汽车更新迭代的速度，云端成了车端算力的有效补充，车端的数据上传至云端进行存储、分析、算法优化后，可以通过空中下载技术（Over-the-Air Technology, OTA）的方式迭代车端体验，这成为许多车企习惯使用的方式。另外，云计算相关服务还以灵活、开放兼容、可持续运营的特性成为汽车企业在提升业务韧性过程中的常规标配。

总之，目前社会的诸多行业已经与云计算技术紧密相连，缺乏云服务则意味与时代脱轨，企业要实现数字化转型必须加大对云计算的研究，从而促进产业链条不断完善、不断丰富。

# 第二节　"数"——新型生产资料

## 一、大数据的相关概念

大数据（big data）是高科技时代的产物，是 IT 行业的术语，亦称巨量资料，需要依靠强大的信息平台才能建立起来。大数据与以往的数据库相比，具有更强的决策力、洞察力，以及更好地对操作流程的优化能力，总之能够极大地提升人们处理和解决问题的效率。

### （一）大数据的定义

近年来，大数据成为一个热词，在社会各界都有所应用。例如，大数据可用于在电商领域精准投放广告，也可用于在医院提供个性医疗服务。[①] 大数据已经渗透进各行各业，与人们的生活时刻发生着密切联系，无论是在科技领域还是在商业领域，人们都围绕着大数据进行着广泛而深入的研究工作，一些学者与科研团队对其定义也有不同的解释。

有学者认为，大数据是数据概念的延伸和扩展，是数量巨大的数据、海量数据，它区别于传统数据的主要之处是规模。

有学者认为，大数据最重要的一点是信息量种类丰富，涵盖各种内

---

① 肖君. 教育大数据 [M]. 上海：上海科学技术出版社，2020：3.

容，体量大仅仅只是一方面，而且这些数据通常是以常规方式难以分析的。例如，美国麦肯锡咨询公司的研究报告显示，大数据是大小超出典型数据库软件的采集、储存、管理和分析等能力的数据集；美国 EMC 公司认为，大数据并不是一个准确的数据，而是对各种数据永无休止地聚积的形容和表示。也正因为数据一直在积累和更新，所以采用大数据来形容，"大"指的就是信息在未来发生变化的概率更大。

另外，计算机科学家高德纳于 2012 年修改了对大数据的定义，表示大数据是大量、高速以及（或）多变的信息资产，它需要新型的处理方式来更的决策、更深刻的洞察与最优化处理。

在综合各界人士对大数据的定义之后，笔者认为，大数据是以容量大、类型多、存取速度快、应用价值高为主要特征的数据集合，运用大数据技术，人们能够从各种各样的数据中快速获取具有较高价值的信息。

目前，在科学技术迅猛发展的背景之下，大数据已经成为一股快速发展的浪潮，席卷各领域和各行业，令人们眼前一亮。可以说，现在世界各国都在加快完善大数据的战略布局，如今国与国之间的竞争不再仅是经济方面与文化方面的竞争，更是信息领域的竞争。谁先掌握更高精尖的大数据技术，就意味着掌握了科技革命的制高点，就能在之后的科技发展中走在世界前列，获得更大的收益。

### （二）大数据的特点

大数据的特点可以简单表达为"4V"，"4V"指 Volume（海量化）、Variety（多样性）、Velocity（高速度）、Value（高价值），如图 2-4 所示。

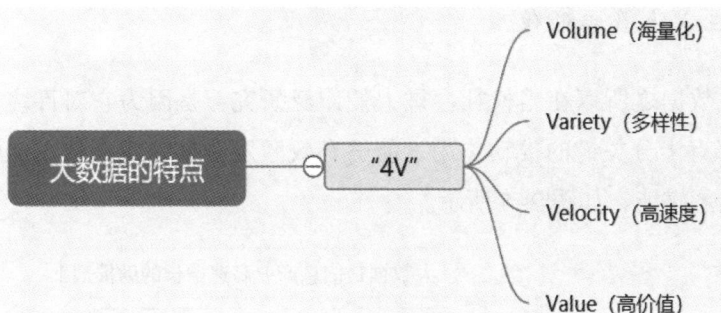

图2-4 大数据的特点

1.Volume（海量化）

大数据体量十分庞大，包含大量的数据，其数量级别需要以 PB 表示。百度资料表明，大数据新首页导航每天需要提供的数据超过 1.5PB，这些数据如果完全打印出来，要用超过 5 000 亿张 A4 纸，足以反映出大数据的海量储存特性。

2.Variety（多样性）

大数据的种类十分多样，早期数据还以文本形式展现，如今随着科技发展，数据有着更多的表现形式，包括图片、音频、视频等数据，个性化数据占绝大多数。

3.Velocity（高速度）

大数据处理速度极快，遵循"一秒定律"。人们一般通过互联网进行数据传输，由于信息的时效性要求很高，因此必须注重速度。如果没有对信息进行及时处理，那些信息很可能就会成为无效信息。对客户而言，信息的处理必须分秒必争，否则商业价值将大打折扣。

4.Value（高价值）

这一特点是相较于普通的数据或小数据而言的，大数据的数据具有普遍性、普及性，所以也有更强大的说服力与影响力，更能够表明个体、事物之间的关联性。

## （三）大数据的作用

大数据之所以在当代社会被人们广泛研究，是因为它对许多产业的发展都有十分关键的推动作用，能够有效激发信息时代新技术的创新活力与发展潜能，如图 2-5 所示。

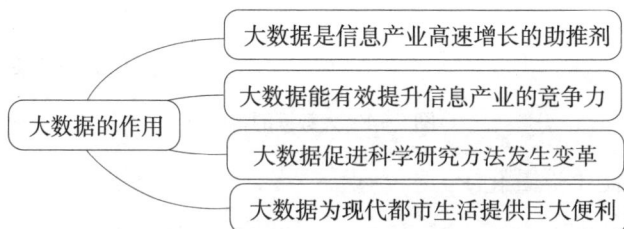

图 2-5　大数据的作用

**1.大数据是信息产业高速增长的助推剂**

在信息时代，各种新型产业不断发展，面向大数据市场的多种新领域、新技术、新产品、新服务开拓了人们的眼界，也对数据分析与数据处理能力提出了更高的要求。在硬件与集成设备领域，大数据对芯片、存储产业产生了很重要的影响，催生了一体化数据存储处理服务器与内存计算等市场。在软件与服务方面，大数据也促进了数据快速处理分析等行业发展，成为信息产业发展的助推器。

**2.大数据能有效提升信息产业的竞争力**

大数据技术能够帮助企业掌握更精湛的技术，从而有效提升其竞争力。在商业领域，对大数据的分析可以使零售商实时掌控市场动态，并根据动态进行全面分析，从而制订行之有效的应对策略。大数据还可以帮助企业为消费者提供个性化的针对性服务，从而提高消费者的满足感。在医疗领域，大数据能够精准判断药物的诊疗效果，包括药物对不同个体的药效，药物各周期的药理强度等。在公共事务领域，大数据还能够起到促进社会发展，维持社会稳定的作用。

### 3.大数据促进科学研究方法发生变革

大数据技术为当代科研活动提供了更多可选的手法。例如，曾经学者在获取数据时往往会采用实地调查或抽样调查等方式，这种获取数据的方法受时间与空间的制约，在某些时候调查的结构也往往存在偏差。而大数据时代人们通过实时监测、跟踪研究对象在互联网上获取海量数据，并对这些数据进行科学分析，就能够揭示更加全面准确的规律，从而提出相应的对策。所以，大数据促进了当代科学研究的方法发生变革，打破了时间与空间的界限。

### 4.大数据为现代都市生活提供巨大便利

大数据技术给现代居民的日常生活提供了许多以往难以想象的便利。在大数据技术普及之前，许多事情都需要人们亲自去做，有些烦琐事务往往会消耗较多的精力与时间。

在大数据技术普及之后，人们可以随时随地运用移动终端完成各项事务的处理。例如，运用互联网的购物平台选购产品时，人们往往并不需要自己逐字输入心仪物品的名称，大数据系统会针对其平日的消费习惯与使用偏好自动推送相关的物品，从而减少我们检索与浏览的时间；运用互联网的出行打车应用，在出门时，就无须重新定位或重新输入目的地，大数据会留存打车记录，系统还会根据人们的出行习惯为人们匹配最合适的、距离较近的车辆。

另外，在其他方面人们也可以看到大数据技术的"身影"，如学校能够以大数据技术来为学生匹配舍友，学生可提前填写自己的生活习惯，包括"你睡觉时是否打呼噜？""你是否接受榴莲、螺蛳粉等异味食品？""你是否有抽烟习惯"等。这些信息传到数据库之后，系统会做出分析，匹配最适合住在一起的学生。在可以预见的未来，大数据还会对人们的生活产生更多影响。

## （四）大数据的挑战

在信息时代，大数据技术已经取得了相应的发展，衍生出自己独特的架构。但是在发展成绩的背后，大数据发展也面临一定的挑战，需要相关领域的工作人员提起重视，如图2-6所示。

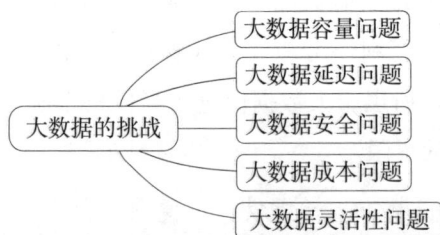

图2-6　大数据面临的挑战

### 1. 大数据容量问题

大数据具有超高的容量是毋庸置疑的，一般的系统储存空间都是以PB计算（1PB=1024TB），足见，大数据的容量在多数情况下是比较充裕的。但是各种系统与应用程序都在不断发展变化之中，海量数据储存空间也需要进行相应的等级扩展与提升，否则很容易出现储存孤岛。

### 2. 大数据延迟问题

大数据还面临着一个实际的问题，这与目前的设施构建情况有关，当用户使用应用，或者从数据仓库检索数据时，有时会出现延迟，即数据延迟。有关部门为了降低数据延迟，已经采取措施加快数据分析速度，但是这仍然无法全面解决数据延迟的问题。

### 3. 大数据安全问题

目前各行各业都在广泛应用大数据技术，在多数行业中，大数据的安全问题无须过多担心，这些信息往往都是公开、共享的，一些商业咨询在一定程度上还能够为企业起到宣传的作用。但是某些比较特殊的行业对数据安全有更高的要求，如政府部门、医疗机构等，它们有更高的保密要求，而协同处理的问题需要混合访问，这有可能造成信息泄露，所以必须制订出安全性更高的处理方案，提升大数据技术的安全性。

4.大数据成本问题

大数据技术属于目前比较尖端的信息技术，其造价比较高昂，因此成本也较高，对企业而言，成本升高是一个弊端，所以成本控制很关键，要让每一台设备实现更高的效率。但是目前提升效率的技术尚不完善。

5.大数据灵活性问题

大数据存储系统的基础设施规模通常很大，因此必须仔细设计，才能保证存储系统的灵活性，使其能够随应用分析软件一起扩容。在大数据存储环境中，人们没有必要再做数据迁移工作，因为数据会同时保存在多个部署站点。一个大型的数据存储基础设施一旦投入使用，就很难再调整，因此它必须能够适应各种不同的应用类型和数据场景。

## 二、大数据的发展历程

大数据作为信息时代的重要技术，其发展历程可以大致分为两个阶段，第一个阶段是大数据的开端，这一阶段在部分西方国家出现了统计数据与进行数据管理的活动，但它与今天的大数据技术并不完全相同。第二个阶段是当代大数据技术的发展，于21世纪初开始。

### （一）大数据的开端

大数据的开端最早可以追溯至赫尔曼·霍尔瑞斯（Herman Hollerith），他被誉为"数据自动处理之父"，发明了电动"打孔卡片制表机"，以更加精确和便捷地对卡片打孔，这项技术还被应用于统计1890年的人口普查数据。也正是因为这项技术，原本需要耗时13年的巨大工程仅用了两年半便宣告完成。

20世纪40年代，英国组织工程师为快速破解纳粹设置的密码，使用了一台名为"巨人"的计算机,在几小时间快速完成了任务。1961 年,美国国家安全局面对大量信息与严格的任务,运用计算机搜集信息,并对仓库内积压的模拟磁盘信息进行了数字化处理。

1965 年,戈登·摩尔(Gordon Moore)经过刻苦钻研发现了摩尔定律,该定律为大数据时代的到来与发展夯实了基础,并使计算机设备的体积逐渐缩小。

1989 年,英国计算机协会下属的数据挖掘及知识发现专委会举办了第一届数据挖掘学术年会,并在会议结束后出版了关于数据挖掘的期刊,这极大地激发了各国业内人士对数据挖掘与数据分析的积极性,推动他们进一步研究数据的搜集方法与计算方法。

### (二)大数据的发展

现代大数据技术的真正诞生,则是 21 世纪初。2005 年,Hadoop 项目诞生,这是由多个软件产品组成的生态系统,这些软件产品被用来共同实现全面功能与灵活的大数据分析。

2008 年 9 月,*Nature* 推出 *Big Data* 专刊,同时盛情邀约大量相关领域的专业人士共商大数据革新的未来发展。同年,计算社区联盟发表了一篇名为《Big-data Computing : Creating Revolutionary Breakthroughs in Commerce, Science, and Society》的报告,该文章对大数据面临的机遇、挑战,以及未来的发展趋势做了比较深入的研究,准确分析了大数据技术的时代定位。

2011 年 2 月,*Science* 推出 *Dealing with Data* 专刊,该刊对大数据相关的前沿问题进行了分析与谈论,对大数据的发展与走向产生了重大影响。

2012 年 3 月,美国政府在白宫网站发布了"Big Data Research and Development Initiative",这标志着大数据已经成为重要的时代特征。同年,《大数据时代》出版,作者维克托·迈尔 - 舍恩伯格(Viktor Mayer-Schönberger)被誉为"大数据商业应用第一人"。

2013年，大数据技术已开始和云计算技术紧密结合，如今二者关系更为密切。除此之外，物联网、移动互联网等新兴计算形态，也将一起助力大数据革命，让大数据营销发挥出更大的影响力。

2014年，"大数据"这一词语首次写入我国的政府工作报告文件之中，报告也明确指出大数据技术已经成为目前引领国家发展趋势的重要技术，需要有关部门提起高度重视，并在今后的发展模式中促进越来越多的行业与大数据相结合，实现大数据化发展模式。

2015年9月，国务院印发《促进大数据发展行动纲要》（以下简称《纲要》），系统部署大数据发展工作。《纲要》明确表示，要推动大数据发展和应用，在未来5至10年打造精准治理、多方协作的社会治理新模式，建立运行平稳、安全高效的经济运行新机制，构建以人为本、惠及全民的民生服务新体系，开启大众创业、万众创新的创新驱动新格局，培育高端智能、新兴繁荣的产业发展新生态。《纲要》部署了三方面的主要任务。一要加快政府数据开放共享，推动资源整合，提升治理能力。大力推动政府部门数据共享，稳步推动公共数据资源开放，统筹规划大数据基础设施建设，支持宏观调控科学化，推动政府治理精准化，推进商事服务便捷化，促进安全保障高效化，加快民生服务普惠化。二要推动产业创新发展，培育新兴业态，助力经济转型。将大数据应用于工业、新兴产业、农业农村等行业领域，推动大数据发展与科研创新有机结合，推进基础研究和核心技术攻关，形成大数据产品体系，完善大数据产业链。三要强化安全保障，提高管理水平，促进健康发展。健全大数据安全保障体系，强化安全支撑。

2016年3月17日，《中华人民共和国国民经济和社会发展第十三个五年（2016—2020年）规划纲要》发布，其中第二十七章"实施国家大数据战略"提出把大数据作为基础性战略资源，全面实施促进大数据发展行动，加快推动数据资源共享开放和开发应用，助力产业转型升级和社会治理创新。具体举措包括加快政府数据开放共享、促进大数据产业健康发展等。

2017 年 12 月，习近平同志在中央政治局第二次会议上提出"实施国家大数据战略，加快建设数字中国"的目标。这足以证明，我国对大数据技术的重视程度达到了新的高度，未来的若干年内，大数据技术也必将焕发出更加强盛的生命力。

2020 年以来，我国的大数据市场已经进入"成熟期"。一方面，国内对大数据业务的需求呈现出明显增多的趋势，并逐渐形成了丰富多样的商业模式，这也为大数据的发展提出了更高要求；另一方面，大数据相关产业链愈加完善，商业运营愈加完整，而之前那些产业链不够完善的厂商则面临淘汰的风险。

## 三、大数据的技术支撑

目前，大数据已经渗透于各行各业之中。大数据的出现并非偶然，而是有大量技术支撑的，经过科研人员多年的实践与研究，大数据才能够在当代社会为人们提供各种便利。

### （一）数据采集

数据采集，指将被测对象的所有参数通过各种传感器做适当转换后，再经过信号调理、采样、量化、编码、传输等步骤传递至控制器的过程。

数据采集需要经过特定的流程，以保证采集结果的正确性与采集过程的高效性。

数据采集过程的原始数据是反映试验结构或试件状态的物理量，如力、温度、线位移、角位移等。这些物理量先要通过传感器，由传感器将其转变为电信号，通过数据采集仪的扫描采集，再进入数据采集仪，还要通过 A/D 转换，转变成数字量，通过系数换算，变成代表原始物理量的数值等。最后，这些数据会被储存至相应的文件并被打印出来。总之，数据采集是一个比较复杂且严谨的过程。

### （二）数据存取

简单来说，数据存取就是数据库数据存储、组织和存贮路径的实现与维护工作。

1. 数据存取的主要任务

数据存取主要需要完成的任务如下。

其一，提供一次对一个元组进行查询、插入、删除、修改等基本操作的服务。

其二，提供元组查询所根据的存取路径，并对这些存取路径进行相应的维护。

其三，对记录和存取路径进行封锁与解锁操作，以便确保数据的安全。

其四，对日志文件进行登记与读取操作。

其五，其他相关的系列辅助操作，包括扫描、合并等。

总之，数据存取的任务涉及多个环节，以确保数据储存过程的安全性，以及存取数据的便利性。

2. 数据存取的安全问题

数据存取的安全问题要考虑三个方面，分别为数据存储安全、数据存取控制安全以及数据传输安全。

数据存储安全，是对数据信息存储的文件或数据在访问或输入时均设置监控措施，以保证数据储存的安全。

数据的存取控制安全，是最需要相关从业人员关注的环节，这一环节是从信息系统处理角度为数据存取提供相应保护，需要与操作系统紧密配合，如果配合不当很可能会出现信息安全方面的问题，而造成损失，所以建立计算机系统时必须十分谨慎，谨防发生存取安全问题。

数据传输安全，指在信息传输的过程中对其进行安全防护，要确保信息在传输中不被损坏或丢失，专业人员一般会采取以下几种安全防护手段，分别是链路加密、点到点保护、加密设备管理。链路加密，要求对通信网络中两个节点之间的、单独的通信线路上的各项数据进行加密，从而起到保护的作用。点到点保护，即"两点"之间的保护，指数据提供点到目的地的加密保护。加密设备的管理防护，是对加密设备的使用、传输等一系列环节的全程技术性保护，不论是平常储存，还是数据传输，都要采取相应保护措施，包括选用低辐射显示器、进行可靠接地等。

### （三）统计分析

统计分析，简单来说就是把信息全部统一起来并进行计算，是对数据进行定量处理的理论与实践的综合。统计分析是一个比较完整的复杂整体，是对多种数据的分析，包括假设检验、显著性检验、差异分析、相关分析、T检验、方差分析、卡方分析、偏相关分析、距离分析、回归分析、简单回归分析、多元回归分析、逐步回归、回归预测与残差分析、岭回归、logistic 回归分析、曲线估计、因子分析、聚美分析、主成分分析、因子分析、快速聚类法与聚类法、判别分析、对应分析、多元对应分析（最优尺度分析）、Bootstrap 技术等。

统计分析具有科学性、直观性、可重复性等特征。科学性，指统计分析要遵循科学原理，要以数学理论为根本，以严谨的计算为主要形式，具有十分严密的结构与逻辑，必须遵循既定程序与规范，从一开始的确立选题直到最后的实施环节都要符合一定的标准。直观性，指统计分析的数据结果要以比较直观的方式展现出来，可以使用图表等形式以增强其直观表现力，从而更加清晰直观地解释规律。可重复性，是评判研究质量与水平的重要尺度。统计分析的方法一般都是可重复的，重复的处理能够提高数据的准确性，减少误差。

统计分析的主要步骤大致可以分为收集数据、整理数据、分析数据。收集数据，是统计分析的前提与基础，人们可以运用实验、测量、观察等方法，要注意资料的真实可靠性，并对其进行细致归类。整理数据，是按照既定的标准对数据进行归类汇总，该过程需要进一步核实数据，并去掉无关紧要的内容，简化资料。分析数据，是在整理数据的基础上，通过统计运算，得出结论的过程，该步骤主要包含两个层次，第一个层次是用描述统计的方法计算出反映数据集中趋势、离散程度与相关强度的具有外在代表性的指标；第二个层次是在描述统计的基础上，运用推断统计的方法对数据进行集中处理，以推断数据集群的整体特征和发展规律。

### （四）数据挖掘

数据挖掘，也被称为数据库中的知识发现，即 Knowledge Discover in Database，简称 KDD。

数据挖掘，就是从大量的、不完全的、有噪声的、模糊的、随机的实际应用数据中，提取隐含在其中的、人们事先不知道但又潜在有用的信息和知识的过程。这个定义包括好几层含义，例如：数据源必须是真实的、大量的、含噪声的；发现的应是用户感兴趣的知识；发现的知识要可接受、可理解、可运用；并不要求发现放之四海皆准的知识，仅支持特定的问题即可。与数据挖掘相近的还有数据融合、人工智能、商务智能、模式识别、机器学习、知识发现、数据分析、决策支持等。

## 四、大数据已然成为新型生产资料的具体表现

当今社会，随着科技的快速发展，信息技术乘势而上，与社会中各领域相结合，以大数据为主要技术的新型领域越来越多，大数据已然成为当今社会的新型生产资料。在对此进行详细阐述之前，先要对生产资料做一个简要说明。

### （一）生产资料

生产资料本是经济学中的一个重要概念，原指人类在物质生产过程

中所使用的劳动资料和劳动对象的总称，也被称为生产手段。生产资料具有时代性，在不同的时代，生产资料有明显的差异，当然究其根本，这是因不同时代技术水平的高低而形成的差异。在原始社会时期，人们的技术水平很低，刀耕火种是人们掌握的为数不多的基本生产手段。随着人类文明不断发展，生产资料随之改变，并经历了从简单到复杂的过程。

过去人们只认为生产资料就是矿石、木材、钢铁、水泥、机器，还有耕地、水源、种子、化肥、拖拉机。但是在进入信息化社会的今天，人们的工业、农业、服务业、金融、医疗、科研、军工都离不开数据的支撑。数据错了，数控机床就会产出废品，袁隆平就培育不出高产稻种，屠呦呦就研发不出青蒿素新药。可见，数据已经成为生产资料的一部分。

如今，生产资料的种类正在进一步向多个维度发展，创造出了很多不同的技术和不少创新生产方法。在这样的时代背景下，大数据毋庸置疑地成了一种新型生产资料，与每一个人息息相关。

### （二）具体表现

在经济学中，生产力的三要素是劳动者、生产资料、劳动对象，这些都是有形的物质。随着互联网的诞生以及目前互联网经济的发展，大数据开始成为生产资料，或者说成为生产要素，成为经济活动的要素。对于互联网企业乃至其他与大数据相关的企业或领域来说，数据就是"生命线"，如果没有强大的数据支撑，实现规模化扩展将变得难上加难。

2020年4月9日，《关于构建更加完善的要素市场化配置体制机制的意见》（以下简称《意见》）正式发布。《意见》分类提出了土地、劳动力、资本、技术、数据五个要素领域改革的方向，明确了完善要素市场化配置的具体举措。数据作为一种新型生产要素（生产资料）首次正式出现在官方文件中。《意见》还详细指出，要将"数据"与土地、劳动力、资本、技术等传统要素并列为要素之一，并且要加快拓展和开发数据市场。

而主要的开发方向，就包括推进政府数据开放共享、提升社会数据资源价值、加强数据资源整合和安全保护等。

在信息时代，大数据作为至关重要的数字支撑，作为一种新型的生产资料，必须充分发挥数据的基础资源作用和创新引擎作用，必须以数据共享开放和流通为基础，加快推进形成以数据驱动为主要特征的现代化经济体系。

### 1.大数据与智慧城市

随着移动互联网、物联网、云计算等新一代信息技术的不断成熟与普及，智慧城市的规划与构想开始进入人们的视野，如何改变城市的传统发展模式，为城市的发展赋予更多便捷性与高效性，是智慧城市需要解决的问题，而在构建智慧城市的过程中，大数据成了重要的发展引擎与生产资料。

要充分挖掘大数据的价值。智慧城市离不开大数据。在当前的智慧城市建设中，大规模智能化应用服务在深入发展的过程中，产生了海量、异构、多源的城市时空大数据。如何对这些数据进行有效的感知、采集、存储、管理、分析、挖掘、计算和应用，是创建智慧城市必须妥善解决的问题。为了让大数据真正成为智慧城市的发展引擎与生产要素，必须加紧研究大数据资源的整合、挖掘、利用方案，以期最大限度地发挥大数据优势。

要实现从"条数据"向"块数据"的转变升级。在大数据技术发展早期，"条数据"是主要的数据体现形式，随着数据网络不断发展与完善，实现"块数据"化转变，是数据密集与联合发展的必然趋势。"块数据"比"条数据"具有更强的"4V"特征，能够在更大程度上推动产业升级。

要推动区块链等新兴技术与大数据的结合。区块链技术能够强化信息的安全性与互通性，能够有效解决大数据所面临的部分问题，促进智慧城市建设的进一步推进。

### 2.大数据与互联网企业

在信息时代，互联网企业需要构建大数据分析平台，以大数据技术为企业未来发展的"参谋师"，全面而准确的数据分析对互联网企业的发展有重要的导向作用。

随着客户类型的逐渐多元化，对他们进行分析的重要性不言而喻，只有满足不同客户群体的需求，才能对其有针对性地制订营销方案。从前消费者最在意的是产品是否物有所值，如今消费者愈加重视体验式服务，对客户心理进行分析，就要大数据"率先出阵"。

传统的调查分析方式，不仅耗时耗力，得出的结果往往还存在偏差。在引入大数据分析的同时，企业可以借助大数据分析工具或者挖掘工具找到自己的数据产品，一些可视化的大数据分析产品可以帮助互联网企业轻松地掌握海量的数据。

# 第三节　"智"——新型生产工具

## 一、人工智能的相关概念

人工智能（artificial intelligence，AI）是 21 世纪世界三大尖端技术之一（其他两项技术为空间技术与能源技术），人工智能是一门综合性学科，它融合了多种现代化技术，与互联网的联系尤为紧密，关系着人们日常生活的方方面面。

### （一）人工智能的定义

人工智能，是一个跨学科的知识体系，具有很强的融合性与交叉性，因此不同领域的学者对其有不同的看法与观点。例如，美国斯坦福大学的尼尔斯·尼尔逊（Nils Nilsson）教授认为，人工智能是关于知识的学科，是怎样表示知识以及怎样获得知识并使用知识的科学。麻省理工学院的帕特里克·温斯顿（Patrick Winston）教授则认为，人工智能就是研究如何使计算机去做过去只有人才能做的智能工作。

另外，还有学者认为："人工智能是对人的意识、思维的信息过程的模拟。人工智能不是人的智能，但是能像人那样思考，甚至也可能超过人的智能。"① 可见，国内外关于人工智能基本定义的解释可谓仁者见仁、智者见智。不过有一种看法受到广大学者的一致肯定，即人工智能就是研究与开发用于模拟、延伸和扩展人的智能的理论、方法、技术及应用系统的一门新的技术科学。

人工智能融合了计算机科学、统计学、脑神经学、社会科学等前沿综合性学科，在当代社会具有极强的实践性与应用性。人工智能自诞生以来，就处于快速发展与完善的过程中，如今人工智能相关的理论与技术越发成熟，可应用的领域也在不断扩大。在可以预见的未来，人工智能将对人类社会产生极大的影响力。

事实上，早在前几年人工智能的优势就在一些社会事件中得到了充分的展现。例如，2016 年的围棋人机大战中，阿尔法围棋（AlphaGo）的智能机器人战胜了人类顶级围棋选手李世石，这成为震惊世界的重大事件，彰显了人工智能的极大潜力。

## （二）人工智能的研究内容

人工智能的研究具有高度的专业性与时效性，涉猎范围极广，主要包括知识表示、自动推理和搜索方法、机器学习和知识获取、知识处理系统、自然语言理解、计算机视觉、智能机器人、自动程序设计等，大致类别如图 2-7 所示。

---

① 　周苏，张泳 . 人工智能导论 [M]. 北京：机械工业出版社，2020：5.

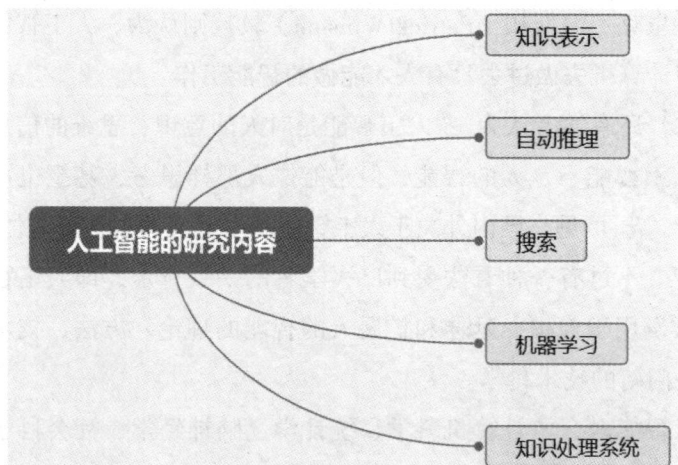

图 2-7　人工智能的研究内容

1.知识表示

知识表示是发展人工智能需要解决的主要问题，推理和搜索都与表示方法有极强的相关性，一般比较常见的知识表示方法有逻辑表示法、语义网络表示法、产生式表示法、框架表示法等。

2.自动推理

自动推理，是知识的使用过程，知识的表示方法多种多样，与之相应的推理方法也具有多样性。推理过程一般可分为演绎推理与非演绎推理两种。

3.搜索

搜索，是人工智能探索问题的常用方法，搜索的主要目的是解决基本问题，分为无信息导引的盲目搜索与由经验知识导引的启发式搜索。

4.机器学习

机器学习，是人工智能的重点研究内容之一，指在一定的知识表示的基础上获取新知识的过程，可分为归纳学习、遗传学习、连接机制学习、分析学习等类别。

5.知识处理系统

知识处理系统，由知识库与推理机共同构成，知识处理系统包含大量的知识内容，需要处理这些问题时，系统内部会针对问题的实际情况，制订相应的处理方略，此系统也被称为专家系统。

## （三）人工智能的特点

人工智能是 21 世纪的标志，是生产方式与生产关系发生变革的重要体现，利用人工智能技术，人类社会实现了一次又一次的重大突破，在各个领域都出现了能够在一定程度上代替人力甚至超越人力的新型设备与技术。而人工智能的一切优势都与其基本特征紧密相关，正是由于人工智能具备以下特征，它才能在众多新技术中"脱颖而出"，人工智能的特点如图 2-8 所示。

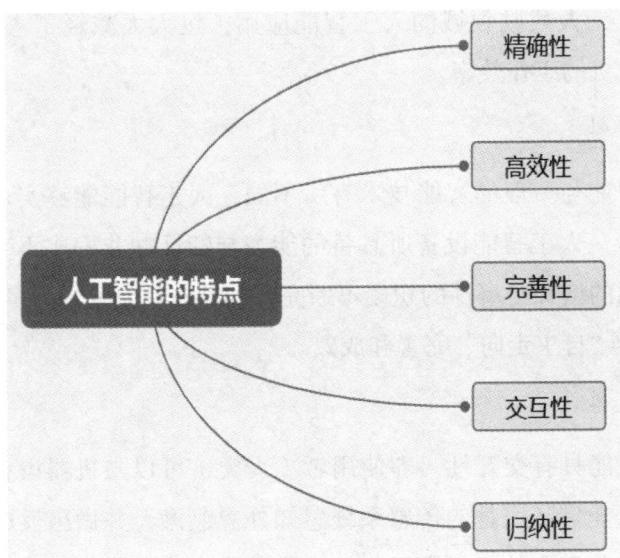

图 2-8　人工智能的特点

1.精确性

人工智能以信息技术为支撑，与大数据和云计算紧密相连，能够在一定程度上代替人类进行计算、分析、统计等活动。由于大数据和云计算具有精确性特点，人工智能也具备极高的精确性，它能够完成预测与计算等活动，并且能够将误差限制在合理的、微小的范围之内。

2. 高效性

人工智能能够为人们的社会生活带来极大的便利，这主要在于其高效性。在人工智能出现之前，各行业要想对客户进行判断，需要花费大量时间，耗费较多的人力或物力。

例如，企业想要获知客户的需求，找准潜在消费群体，就要提前制订比较复杂的方案，并进行较长时间的调研。又如，医生想要了解病人的情况，也要经过一系列检查与询问。但人工智能能够在极短的时间内对大量相关数据进行综合分析，当然，不容易被发现的潜在问题也会被归纳在内，从而帮助医生快速地判断病人的情况。

另外，无人驾驶领域的人工智能应用，也大大减轻了人们的负担，提升了无人机的工作效率。

3. 完善性

人工智能与一般的智能技术有所不同，人工智能能够实现自我积累与自我完善。人工智能设备所具备的能力与特征并非一成不变，而是可以随着活动的增加与事件的积累不断完善的。在反复完成任务的过程中，人工智能会"自主走向"完善和成熟。

4. 交互性

人工智能具有交互性，即使用者（人类）可以与机器设备互动。人工智能可以凭借其完整的传感系统感知外界刺激，并做出反应，而人类在了解了这些反应的规律之后，又可以反过来将之作用于机器设备。久而久之，机器设备会越来越"理解"人类，从而达到优势互补。

5. 归纳性

人工智能具有归纳性，人工智能系统能够快速、大量收集数据，并基于这些数据快速进行决策，找到正确的预案。这种处理方式是将散乱无章的信息和数据进行综合处理的过程，与传统计算机形成鲜明的反差。人工智能是从数据中学习和总结，从而发现规律的，所以人工智能具有归纳性。

## （四）强人工智能与弱人工智能

在人工智能的发展过程中，出现过两种不同的观点，即强人工智能与弱人工智能。

1. 强人工智能

强人工智能认为人类有可能制造出真正能推理和解决问题的智能机器，并且，这样的机器将被认为是有知觉、有自我意识的。强人工智能的提出者为约翰·罗杰斯·希尔勒（John Rogers Searle），他认为它们能够独立思考问题并制订解决问题的最优方案，有自己的价值观和世界观体系，有和生物一样的各种本能，如生存和安全需求，在某种意义上可以被看作一种新的文明。

强人工智能也可以分为两种，分别为类人的人工智能与非类人的人工智能。前者与人类相似，与人类思考问题的范式基本一致；后者与人类不同，本质仍是机器，具有与人类完全不同的知觉与意识。

强人工智能提出之后，引起学界的轩然大波，在许多科学家看来，这种观点显然是反人类的。如果强人工智能成为现实，则意味着人类的文明很可能被人类所创造出来的工具而取代。举个简单的例子，人们比较熟悉的欧美电影如《星际迷航》，其中出现的高级智能机器人就属于强人工智能的一种构想，但是这种技术在现实社会中显然无法出现。不过，关于强人工智能的设想却可以存在，这也在一定程度上激励着学者朝着更加高层次的人工智能技术而发展。

2. 弱人工智能

弱人工智能，指人们不能制造出真正地推理和解决问题的智能机器，这些机器只不过看起来像是智能的，但并不真正拥有智能，也不会有自主意识。弱人工智能是擅长于单类任务的人工智能，如战胜世界围棋冠军的人工智能，它只会下围棋，如果你让他辨识一下猫和狗，它就不知所措了。目前来看，人们所实现的几乎全是弱人工智能。不过，弱人工智能理论并不是说机器设备弱于人类，而是指其尚未达到"完全智能"的程度，它仍然是高科技的代名词。

## 二、人工智能的发展历程

现代意义的人工智能概念源自 20 世纪，但是在此之前，诸多学者为人工智能的产生与发展奠定了坚实的基础，他们虽然并未提出人工智能的概念，但是他们所提出的与之相关的理论体系在很大程度上影响了今天人工智能技术的发展。

### （一）人工智能理论的先驱

2000 多年前的古希腊时期，伟大科学家、思想家亚里士多德就曾提出早期的、基本的推理方法，为形式逻辑的发展奠定了基础，由他开创的三段论更是为后人所沿袭。

近代社会，诸多思想界代表性的人物同时是科学家，如罗吉尔·培根（Roger Bacon）、弗朗西斯·培根（Francis Bacon）、戈特弗里德·莱布尼茨（Gottfried Leibniz）、巴鲁赫·德·斯宾诺莎（Baruch de Spinoza）等。弗朗西斯·培根作为英国最典型、最杰出的经验派学说代表人物，认为经验是认知世界和了解知识最准确、最根本的途径，并提出归纳法，这一推理方法成为与亚里士多德的演绎法相辅相成的思维准则。莱布尼茨作为欧洲大陆理性学派的代表人物，则在数理逻辑上作出了贡献，提倡运用人类的思维和理性去获取知识。总之，在西方近代时期，无论是经验派学者还是理性派学者，有许多人对现代人工智能理论的形成产生了一定的积极影响。

### （二）人工智能理论的产生与发展

现代意义的人工智能概念产生于 20 世纪中叶，标志为艾伦·麦席森·图灵（Alan Mathison Turing）提出机器可以模拟人类计算与逻辑思维过程的观点。1950 年，英国数学家、逻辑学家图灵在经过大量研究之后，带领人类开始迈进人工智能时代。

这一时期，以机器证明为核心的逻辑主义占据了重要地位，在数学定理证明、逻辑程序语言、产生式系统方面涌现了诸多重要成果。

不过，限于这时科技的发展水平，关于人工智能的许多理论构想仅停留在思想层面，尚未被转变为现实。人工智能的发展历程如图 2-9 所示。

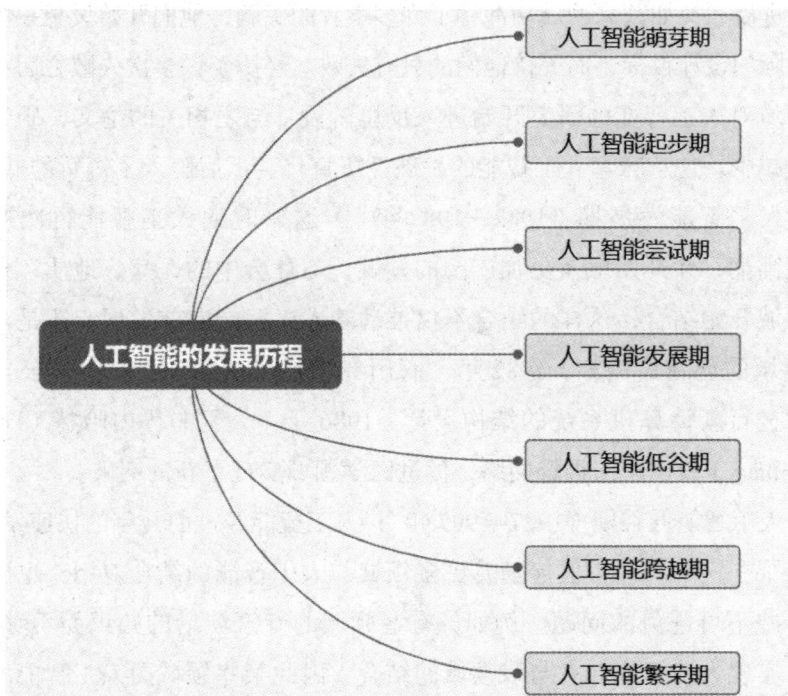

图 2-9　人工智能的发展历程

自人工智能产生至今，大概经历了以下几个发展阶段，各阶段具有不同的特点。

人工智能萌芽期（1956 年之前）：人工智能相关的逻辑推理方法、计算机技术得到了快速发展，人工智能开始萌芽，图灵提出人工智能的初步构想。

人工智能起步期（1956—1976 年）：计算机相关领域的学者取得了一系列成绩，掀起了人工智能发展历史上第一个浪潮，吸引了越来越多科学家的关注。例如，1956 年，达特茅斯会议上人们正式提出人工智能的概念；1959 年，亚瑟·塞缪尔（Arthur Samuel）所研发的跳棋程序击败了他本人，这意味着此时的人工智能系统已经能够在某一领域达到一定的水准。

人工智能尝试期（1976—1982 年）：这一阶段人工智能技术有了一定的进展，突如其来的成功冲昏了许多学者的头脑，他们开始设想一些不着边际的设计目标，而等待他们的只有失败。经历了许多次失败之后，相关领域对人工智能的研究开始进入反思阶段，与之相关的论文、研究等明显减少。这意味着人工智能的发展经历盲目尝试后陷入了短暂的低谷。

人工智能发展期（1982—1987 年）：这一时期人工智能再次迎来发展高潮，并开始触及更加广阔的领域，与社会中的医疗、地质、化学等领域开始结合，这样的结合不仅推动着人工智能向前发展，还是对传统领域的创新。例如，1982 年，商用专家系统 R1 开始在 DEC 公司运行，进行新计算机系统的结构设计。1986 年，大卫·鲁内哈特（David Runelhart）提出反向神经网络，促进医学领域实现了新的突破。

人工智能低谷期（1987–1997 年）：人工智能经过前几年的快速发展，取得了一定的成绩，但伴随着更多领域与人工智能的结合应用，也出现了一些不可避免的问题。例如，有些领域的专家涉猎的知识面不够广，难以实现人工智能技术与该领域的结合。因此某些领域的人工智能发展陷入了低谷。

人工智能跨越期（1997—2010年）：20世纪与21世纪之交，互联网技术获得迅猛发展，这使人工智能技术获得了极大的推动力，并促使人工智能进一步发展，实现了时代性的大跨越。而且，人工智能不再仅仅停留于科研，而是进一步走向实用化。

人工智能繁荣期（2010年至今）：如今，世界已经进入信息时代，各种新兴技术层出不穷，人工智能也进入了发展的繁荣期。人工智能在云计算、大数据、互联网等技术的支撑下，取得了快速发展。2014年8月4日，微软发布个人智能助手微软小娜（Cortana），Cortana有聊天、通信、交通、查询、智能信息推送等功能，支持多种语言版本和多个平台使用。用户下载Cortana后，可以通过设置提醒，来更好地管理每日的行程，通过语音来直接搜索，还可以进入想去的网站，查询类似航班信息这样的重要消息，也可以跨平台处理任务。又如，2018年央视春晚，百度阿波罗无人车登上大荧幕，这意味着无人驾驶离人们的日常生活不再遥远。

### （三）目前我国人工智能的发展概况

在21世纪之前，人工智能技术在国外取得迅猛发展，当时的西方发达国家具有较高的科研能力，并且十分注重对人工智能技术的研发，尤其是美国，曾一度成为人工智能的"领跑者"。

然而，进入21世纪之后，随着我国改革开放的推进，人工智能在我国开始进入快速发展期。21世纪是信息时代，作为信息时代的核心科技之一，人工智能已然成为学术前沿的焦点话题。

如今人工智能在我国接连取得突破性进展，这与党中央对创新技术的高度重视是分不开的。党中央、国务院高度重视并大力支持发展人工智能。习近平同志曾在党的十九大、中国科学院第十九次院士大会、全国网络安全和信息化工作会议、十九届中央政治局第九次集体学习等场合多次强调要加快推进新一代人工智能的发展。

2017年7月，国务院发布了具有里程碑意义的《新一代人工智能发展规划》，这标志着我国将新一代人工智能的发展提升到了国家战略层面。该规划不但设定了目标，而且描绘了面向 2030 年的人工智能发展蓝图。这一战略规划的核心目标是构建我国在全球人工智能领域的先发优势，并在即将到来的科技革命中占据战略主动。这一规划明确了人工智能技术的重要性和潜在影响力。规划中不仅包括对技术研发在深度和广度上的要求，还强调了人工智能在经济、社会、文化及安全领域中的应用。规划还特别关注了教育与人才培养，旨在为人工智能的持续发展培养出足够的专业人才。在这一国家级规划框架的指导下，国家发展和改革委员会、工业和信息化部、科学技术部、教育部等多个部委，以及北京、上海、广东、江苏、浙江等地方政府相继推出了一系列扶持政策。这些政策包括但不限于财政补贴、税收优惠、研发资金支持及创新环境的优化。这些措施旨在激发企业、高校和科研机构在人工智能领域的创新潜力，推动技术突破和产业升级。

具体来看，我国今年在人工智能方面所取得的成果主要体现在以下几个方面。

在论文方面，我国关于人工智能技术研究的论文数量与论文被引数量都是世界之最。据统计，2017 年我国在人工智能领域发布的论文占据全球论文数的 27.68%，足可见我国对人工智能的重视程度之深。

在专利方面，我国在人工智能技术的专利数量上也远超诸国，成为全球人工智能专利最多的国家，数量上甚至已经领先美国、日本等发达国家，并在语音识别等领域取得了卓越的成绩。

在人才方面，我国极其注重人工智能技术人才的培养。

各高校开设人工智能相关专业，并大量招生，今年已经培养了大量相关人才，目前我国人工智能人才拥有量已经超过 2 万人。有关部门对人工智能相关企业采取扶持政策，这进一步激发了社会上的创业激情，推动了人工智能企业蓬勃发展。政府加大科研经费投入，大力支持人工智能科研活动，推动相关高新产业发展。

总之，目前我国在人工智能技术方面已经取得卓著的成绩，并且未来必将在现有基础上获得更大进步。

## 三、人工智能的技术支撑

人工智能的核心思想是构造智能的人工系统，而想要实现这一目标，推进人工智能技术的发展，就必然要掌握与之相关的技术，以技术带动人工智能发展。人工智能的技术支撑主要包括机器人流程自动化技术、光学字符识别技术、机器学习技术、自然语言生成技术、智能工作流技术、认知智能体技术，如图 2-10 所示。

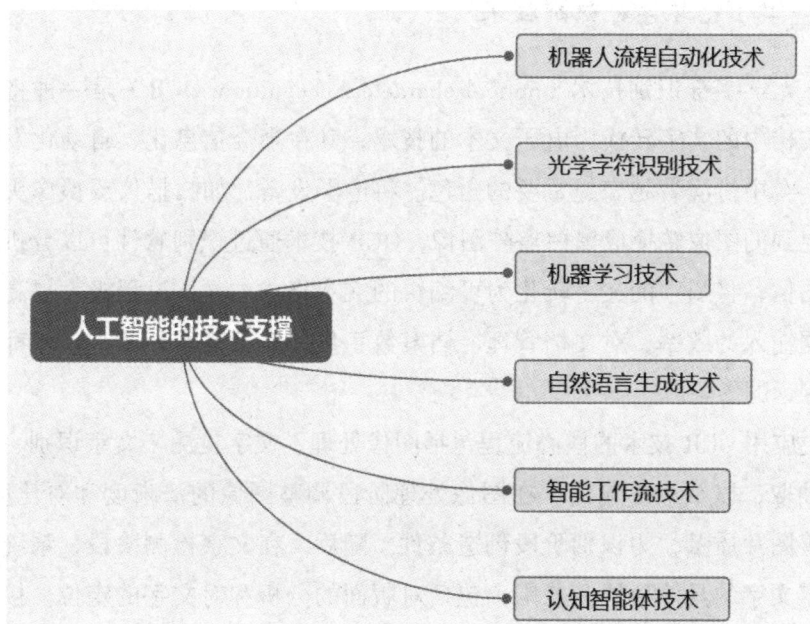

图 2-10　人工智能的技术支撑

### （一）机器人流程自动化技术

机器人流程自动化（robotic process automation, RPA）技术是通过特定的、可模拟人类在计算机界面上进行操作的技术，按规则自动执行相应的流程任务，代替或辅助人类完成相关的计算机操作。与人们一般认为的具备机械实体的"机器人"不同，RPA 事实上是一种能够按照特定的指令完成工作的软件，这种软件安装在个人计算机或大型服务器上，通过模拟键盘、鼠标等设备的人工操作来实现办公操作的自动化，使这一系列流程得以实现的技术则是人工智能的主要技术支撑。

自 2015 年开始，人工智能就开始理论和 RPA 技术的融合，随着二者的不断深入结合，智能流程自动化的道路被开启，产生了智能流程自动化技术（intelligent processing automation, IPA）。

## （二）光学字符识别技术

光学字符识别技术（optical character recognition, OCR）是一种将纸质文档中的文字转换为电子文本的技术，其在当今信息化、自动化发展的社会中扮演着越来越重要的角色。将电子设备，如扫描仪或摄像头所捕捉到的图像转换成黑白点阵图像，OCR 技术通过识别软件可以分析这些图像，将图中的文字转化为可编辑的文本格式。这一过程极大提高了数据输入的效率，对文档管理、档案数字化和信息检索等多个领域都有着深远的影响。

应用 OCR 技术的核心流程包括图像处理、文字检测、文字识别、文本抽取，以及最终输出。在图像处理阶段调整图像的清晰度和对比度，改善图片质量，为识别阶段创造条件。随后，在文字检测阶段，系统需确定文字的具体位置和范围，包括对版面的分析和对文字的定位。接下来的文字识别阶段是将图像中的文字转换为机器可读的文本，这一阶段是 OCR 技术的核心，它直接关系到识别结果的准确性。文本抽取则进一步从识别出的文本中提取关键信息，为后续的使用提供便利。最后的输出阶段将处理后的数据转化为各种格式的电子文本，供人们进行进一步的编辑和分析。

将人工智能技术应用于 OCR，可以显著提升这一流程的智能化和自动化水平。人工智能不仅能提高文字识别的准确率，还能使 OCR 系统学习并适应多种字体和语言，处理更复杂的版面布局。此外，人工智能技术能够从大量文本数据中学习，不断优化其算法，提高处理速度和效率。

在实际应用中，OCR 技术已被广泛应用于办公自动化、法律文档管理、银行表单处理等多个领域。例如，在银行业，OCR 技术可以被用于自动读取和处理支票和信贷申请表；在医疗领域，OCR 技术有助于完成病历的数字化和管理工作，提高医疗服务的效率和质量。此外，随着智能手机和平板电脑等移动设备的普及，OCR 技术也越来越多地被应用于移动应用中，如名片识别、票据扫描等，为用户的日常生活和工作带来便利。

总之，OCR 技术正成为连接传统纸质文档和现代电子信息管理系统的重要桥梁。随着人工智能等先进技术的不断发展，OCR 技术的应用将更加广泛，其在提高工作效率、促进信息共享等方面潜力巨大。未来，OCR 技术的进一步创新和优化，将使人们能够更高效、更便捷地处理和分析大量文档，推动社会信息化进程的深入发展。

### （三）机器学习技术

机器学习技术，作为人工智能的一个核心分支，已经彻底改变了人们分析数据、解决问题和预测未来的方式。这种技术能够使计算机系统通过学习和识别大量数据中的模式，执行没有明确指令的任务。机器学习的核心功能在于通过算法和统计模型自行解析数据，从而发现数据之间的联系，并基于这些发现做出相应的决策或预测。

机器学习分为监督学习和无监督学习两种主要类型。监督学习涉及在已知输入和输出数据的情况下训练模型，通过这种方式，模型可以学习如何预测或给新的实例分类。举个例子，通过分析历史贷款申请数据（输入）和其贷款批准结果（输出），监督学习模型可以预测新的贷款申请是否应被批准。相对而言，无监督学习不依赖预先标记的数据，而是试图自主探索数据的结构和关系，如通过聚类相似的客户行为来识别市场细分规则。

机器学习已被应用到多个行业和领域。在金融行业中，机器学习技术被用来分析客户行为、识别欺诈行为、优化投资组合等。例如，信用卡公司利用机器学习算法来监测异常交易，有效预防诈骗行为。此外，算法还能分析市场数据，帮助投资者做出更明智的投资决策，如通过历史数据预测股票价格的变动。在医疗领域，机器学习的应用也同样广泛，它正在改变诊断、治疗和患者护理的方式。机器学习模型能够分析医疗图像、临床试验数据和患者的健康记录，以更快地诊断疾病和预测病情发展。例如，某些算法能通过分析病理图像来辅助诊断癌症，这种技术不仅提高了诊断的准确性，还大大提高了诊断速度。机器学习还能在供应链管理中发挥重要作用。通过预测市场需求、优化库存水平和自动化订单处理，机器学习技术可以帮助企业降低成本、提高效率并增强市场竞争力。例如，大型零售商可以使用机器学习算法来预测各个地区的产品需求，确保库存水平既能满足客户需求又不会过剩。机器学习之所以强大，是因为它有自我学习和适应能力。随着时间的推移，这些算法能够从新数据中学习，不断优化其性能。这意味着机器学习模型随着时间的积累可以变得越来越精准，无论是在金融风险管理、疾病诊断还是客户服务等方面都能提供更为可靠的支持。

## （四）自然语言生成技术

自然语言生成（natural language generation，NLG）技术是人工智能领域的一项重要突破，它使计算机能够从结构化的数据中自动生成人类可读的文本。这种技术的核心在于将数字数据转化为有意义的语言描述，从而极大地提高数据的可访问性和可理解性。在当前这个信息爆炸的时代，NLG技术已成为处理大量数据并进行有效信息沟通的关键工具。

NLG 技术的应用非常广泛，它不仅能够自动编写新闻稿、生成财务报告摘要，还能在客户服务领域自动回复客户咨询，提供定制化的通信服务。例如，在新闻行业中，NLG 技术可以根据赛事的数据自动生成赛后报道，这不仅提高了报道的速度，还缓解了记者的工作压力，让他们能够专注于更需要人类智慧的深度报道工作。在财务和商业领域，NLG 技术同样显示出了巨大的应用潜力。它可以从复杂的数据集中提取关键信息，生成易于被人理解的报告，帮助分析师和决策者快速掌握公司的财务状况和业务表现情况。此外，自动生成的财务摘要降低了发生人为错误的可能性，提高了报告的准确性和客观性。在客户服务方面，NLG 技术通过应用于自动化回复系统，提升了响应效率和服务质量。例如，电信公司可以使用 NLG 技术自动回答用户关于账单查询、服务状态更新等的常见问题，不仅提高了响应速度，还确保了信息的准确无误。这种技术的应用极大地提升了用户满意度并降低了运营成本。NLG 技术的另一项重要应用在健康医疗领域。医疗机构可以利用 NLG 技术从病历数据中自动生成患者的诊疗报告，帮助医生快速理解患者的健康状况并制订治疗计划。这不仅加快了医疗服务的流程推进速度，还提高了医疗记录的标准化和规范化水平。

尽管 NLG 技术带来了许多优势，但它的应用仍面临着一些挑战。其中之一是如何处理和理解复杂的语境和隐含的信息，这要求 NLG 系统不仅要有强大的数据处理能力，还需要具备一定程度的语境理解能力。此外，生成的文本不仅需要准确，还要流畅自然，这对算法的语言生成能力提出了更高的要求。

### （五）智能工作流技术

智能工作流技术，作为现代企业管理的革命性技术，正在彻底改变企业的运作方式。这项技术通过整合人工智能的多种功能，如机器学习和自然语言处理，能够优化复杂的业务流程，并提高其自动化程度，从而极大提升工作效率和流程透明度。智能工作流技术不仅是关于自动执行任务的技术，更能够实时监控和管理整个工作流程，确保每一个环节都能高效运作。在实际应用中，智能工作流技术能够通过自动识别流程中的瓶颈环节，迅速调整资源分配方案或流程结构，解决生产或服务过程中遇到的问题。例如，在银行金融行业，智能工作流技术可以实现处理从贷款申请到审批的整个过程，通过算法预判和分析客户资料的真实性和信用风险，自动化地完成信贷审批流程。这不仅缩短了处理时间，还显著减少了人为错误和信贷风险的发生。在制造业中，智能工作流技术则可以优化生产线的配置和调度，自动调整生产计划以适应订单变化或材料供应情况，从而最大化地提高生产效率和减少浪费。通过实时数据分析，智能工作流系统可以预测设备故障，提前安排维护，避免生产中断，这对保证制造业的连续运作和降低运营成本至关重要。智能工作流技术还可以提高客户满意度。在服务行业，如零售或餐饮业，智能工作流可以实时处理客户订单，自动调配资源以满足客户需求，同时通过分析客户行为和偏好，提供个性化的服务建议或促销活动方案。这种对客户需求的快速响应和个性化服务显著提升了用户体验，增强了用户的忠诚度和满意度。

### （六）认知智能体技术

认知智能体技术正在开启一个新的时代，这种技术集合了机器学习、自然语言处理和情感分析等多项前沿科技，旨在创造出能够理解、学习和适应人类行为的智能系统。

这些系统的设计目标不仅是执行复杂的任务，更是在交互中模仿人类的情感反应，提供一种更加自然和人性化的用户体验。随着技术的不断发展，认知智能体已经开始在多个领域展现其独特的价值和潜力。认知智能体的核心特点是有高度的适应性和交互性。它通过深度学习和数据分析，不断从用户交互中学习，从而更好地理解用户的需求和偏好。

这种学习能力使认知智能体可以在与用户的互动中逐渐优化其响应方式和行为模式，以达到更高水平的个性化服务。例如，在客户服务领域，认知智能体可以根据对话的情境和客户的情绪变化，调整其语调和响应策略，从而有效提升客户满意度和服务质量。具有情感分析能力是认知智能体的一大特色。这项技术使智能体不仅能解析客户的文字或语音指令，还能捕捉到用户语言中的情绪色彩，从而做出更为合理和更具同理心的反应。在健康护理领域，这种技术的应用尤为重要。认知智能体能够通过分析病人的语音和表情，评估其情绪状态和病症严重性，进而提供更为人性化的护理服务，甚至在必要时向医护人员发出警报。

## 四、人工智能已然成为新型生产工具的具体表现

在信息时代，人工智能已经成为新型生产工具，它的特性使人类社会的传统生产方式发生了重大转变，这主要体现在两方面，一是生产与工作效率明显提高，二是提升了生产创造力。

### （一）大幅提升生产与工作效率

人工智能大幅提升了人类的生产与工作效率。人工智能以多项高新技术为支撑，结合云计算与大数据，形成了体量与规模都很巨大的网络体系，在这样的体系中，人们曾经的传统生产方式发生了重大转变，而其中最主要的一点，就是效率的提升。

1. 制造领域

在制造领域，人工智能明显提升了生产效率。传统制造以人力为主，在许多工厂中，工人的劳动时间远超每日 8 小时的工作量，甚至有时候还会高达 12 小时，这种高强度的劳动对工人的身体极为不利。同时，由于长时间劳动，工人的体力与精力损耗严重，持续劳动使效率大打折扣。人工智能一改传统生产模式，以智能化的机器设备代替人力，人们不需要在生产设备面前持续工作，只需要轻松地按下几个按钮，便可以实现

大批量货品的生产制造活动，这既是对生产力的解放，又是对生产效率的大幅提升。

### 2.移动设备领域

在移动设备领域，人工智能提升了人们操作的便捷性，间接提升了人们的工作效率。目前多数手机都配备了智能系统，用户在开启智能互动模式的情况下，只需要"呼叫"手机智能系统的名称，就可以与手机的智能系统实现互动。这时，用户无须自己亲自去操作手机，智能系统会在后台帮助用户解决问题，满足用户的需求，而与此同时，用户可以利用这些时间处理其他的事务。

### 3.文本编辑领域

在文本编辑领域，人工智能明显提升了人们的文本产出量，极大地提升了工作效率。一方面，用户使用计算机编辑文档时，一般采用手打的方式，但要处理大量的文字，或者从特定图片中提取文字时，则会面临困难，这时运用智能应用或程序，能够快捷地筛选自己想要选用的内容，实现文本的快速编辑；另一方面，智能应用或程序能对用户已经完成的文本进行全面快速的检查，并提示文本中可能存在的错误，从而提高用户的文本质量。

此外，在其他许多领域中人们也可以看到应用人工智能的痕迹，如智能聊天机器人，它们可以使用自然语言处理模仿客服的对话风格，还可以在以前的差评中学习，以确保客户满意度。总之，人工智能作为一种新型的生产工具，能够大幅提升社会的生产与工作效率。

## （二）大幅提升生产创造力

人工智能具有很强的生产创造力。人工智能以云计算和大数据为支撑，每一个智能设备都有海量数据储存，这些充足的数据为智能设备提供了丰富的"思想源泉"。

随着科技水平的进步，人工智能设备内部的储存空间越来越大。一方面，人工智能设备的知识储量极大，例如，如果是音乐方面的人工智能设备，其中所储存的与音乐相关的数据可以涵盖古往今来的所有音乐知识，这是人脑难以实现的；另一方面，人工智能设备在读取和利用其"大脑"中的数据时操作十分迅速，不需要像人类一样有反应和思考的时间，在它们的"大脑"中，思索问题的时间仅仅是几秒甚至零点几秒。基于这些优势，人工智能设备具有许多人类并不具备的生产创造力。

目前，人工智能涉及的应用领域越来越多，并在各领都域体现出了一定的创新性。在音乐领域，人工智能创造音乐的平台有 AIVA，即人工智能虚拟艺术家，它能通过应用大量的算法，实现快速音乐创作。在编程领域，UIzard 智能网站能够将草图转变为前端代码，实现便捷编程。在棋牌领域，家喻户晓的 Alpha GO 打败了世界顶尖围棋选手。

此外，在许多其他领域，包括游戏领域、服务机器人领域、金融领域等都可以看到人工智能旺盛的创造力所产生的影响，这对当代社会的发展具有一定的助推作用。

# 第三章　"云数智"应用与旅游业商业模式创新的相互影响

## 第一节　"云数智"应用对旅游业商业模式创新的影响

### 一、概述

随着科学技术的不断发展，"云数智"技术已经进入蓬勃发展期，在"云数智"技术的影响下，许多传统行业都改变了往日的"面貌"，开始与信息技术相结合，呈现出强烈的时代特性。在诸多与"云数智"结合的行业与领域中，旅游业无疑是一个比较特殊的行业。旅游，本就是一种需要旅游主体亲身体验、亲自到达的一种游玩活动，而"云数智"在旅游业中的广泛应用，为旅游业的创新转型开创了新的形式，当然，也为旅游业提供了更加广阔的发展空间。

在 21 世纪，"云数智"技术是人类社会最具创新性与时代性的新技术，对人类社会的发展具有划时代的意义。目前世界上的许多国家也在大力开展信息化旅游业工作，希望以信息平台为依托，实现旅游业商业模式的创新转型。在我国，"云数智"技术虽然起步较晚，但是由于政府和有关部门的高度重视与大力支持，如今相关技术已经达到了较高的水平，发展程度也处于世界前列。因此，乘着"云数智"的"东风"，促进旅游业创新转型必然是我国旅游事业在 21 世纪的发展新趋向。

如今，"云数智"正在成为推动旅游业转型升级、高质量发展的重要驱动力，旅游产业需要加快推进以数字化、网络化、智能化为特征的智慧旅游发展，加快推进线上线下融合发展。"《2016 中国旅游业发展报告》显示，中国已经成为世界旅行市场中重要的部分，我国境内外旅游人数和消费额均处于世界第一。"① 这说明旅游业的信息化转型已经势在必行，而我国作为世界上的旅游大国，旅游人数与旅游资源均为世界之最，就更应当走在旅游业转型的"排头"，发挥引领作用与导向作用。

早在 2017 年，文化和旅游部就曾发文，对全国的旅游信息化工作做出了比较明确的规划，并提出我国旅游信息化工作的十个主攻方向：一是推进移动互联网应用，打造新引擎；二是推进物联网技术应用，扩大新供给；三是推进旅游电子支付运用，增加新手段；四是推进可穿戴技术应用，提升新体验；五是推动北斗系统应用，拓展新领域；六是推动人工智能应用，培育新业态；七是推动计算机仿真技术应用，增强新功能；八是推动社交网络应用，构建新空间；九是推进旅游大数据运用，引领创新驱动；十是推进旅游云计算运用，夯实新基础。

2019 年，文化和旅游部科技教育司发布《文化和旅游部科技教育司关于申报 2019 年度文化艺术和旅游研究项目信息化发展专项的通知》（以下简称《通知》）。《通知》表示，要支持"互联网 +"、大数据、云计算、人工智能等相关信息化技术在文化和旅游领域的创新应用发展，支持对文化和旅游资源的数字化、网络化、智能化开发及应用，支持新技术、新产品、新模式、新服务在文化和旅游领域的全面赋能。

2021 年 7 月 30 日，文化和旅游部发布《关于政协十三届全国委员会

① 丁硕.大数据背景下在线旅游业营销传播战略研究 [D].长春：吉林大学，2017:1.

第四次会议第 2843 号（文化宣传类 083 号）提案答复的函》，并公布未来在文化产业和旅游产业的详细规划。其中，文件明确强调要"深化'互联网+'，支持文化文物单位、旅游景区度假区与互联网平台合作，开发数字化产品和服务，将创作、生产和传播等向云上拓展。支持文物、非物质文化遗产通过新媒体传播推广，创新表现形式，深化文化内涵"。

可见，政府和有关部门对"云数智"与旅游业的结合转型提出了明确的构想，并将加大对产业转型的支持力度。在此背景下，我国许多地区的信息化旅游转型活动开展得如火如荼。例如，"河北文旅 5G 大数据创新实验室"在成立后，致力文旅产业转型，大力研发全新技术在旅游行业的应用，以促进省内旅游行业持续向好发展。秦皇岛智慧旅游公司就以"一网三平台一中心"为核心内容，强力打造"放心游"旅游平台，对旅游相关的各种信息进行综合分析，为用户提供精准服务。又如，2021 年 6 月，中国文旅资源交易大会在深圳召开，会议对"数智 + 文旅"提出新的构想。

## 二、"云数智"应用有助于旅游景区各项工作水平提升

作为 21 世纪信息技术创新发展的具体表现，"云数智"对旅游业的创新转型具有深远的意义，二者的有机结合能够促进旅游业更快速、更稳健、更多元地向前发展，如图 3-1 所示。

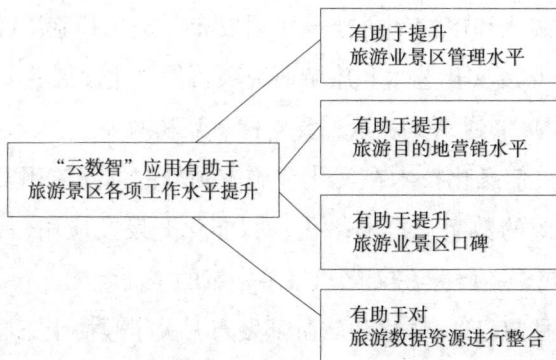

图 3-1　"云数智"应用对旅游景区各项工作的提升作用

### （一）"云数智"有助于提升旅游业景区管理水平

"云数智"技术的实践应用能够有效提升国内各旅游景区的管理水平，使各景区的管理更加便捷和智能化。

专业技术人员能够运用大数据技术，对各景区相关的数据集合进行统一分析，将海量的数据进行体系化的整合，从而形成一个景区信息资源库。这样的资源库包含景区相关的一切信息，如文本、图片、音频、视频等。把这些内容整合完成之后，专业人员就可以对其进行加密，这有助于合理有效地保存景区信息的隐私。

在适当的时机，可以由专业人员解密，并对数据进行全面、专业的分析，在分析过程中人们能够运用一系列信息技术，更准确地分析数据对象，发现其中所包含的规律。同时，专业人员还可以依托旅游大数据的可视化平台，直观而全面地搜集并展示数据所蕴含的有用信息，从而开展景区发展主题的讨论会议，并让部门管理人员共同为景区的转型发展献言献策。

例如，将互联网、运营商、景区三方的数据进行整合，持续进行旅游景区内的人流量、车流量统计工作，还可以对不同节假日、不同时间段的人流量进行分析，从而对接下来的人流量变化进行合理预测。

又如，人们可以在景区内大量安装智能化监控预警系统，如果系统预测到或已经发现危险情况，就会在第一时间拉响警报，同时为在岗人员提供分工预案，帮助景区做好危险预警工作与安全防护工作。

### （二）"云数智"有助于提升旅游目的地营销水平

在传统旅游业中，传统营销人员因其单一的推销方式、不够透明的营销手段等常被人们诟病。如若应用"云数智"技术，将部分运营方案通过图文的形式公开透明地展示出来，便能够很快地赢得游客的信赖。

在信息时代，大数据技术吸收和统计了海量的旅游相关的信息，可以针对各旅游目的地分别开展统计活动，并针对具有相似性与同类性的旅游目的地横向比较数据统计结果，这有助于专业人员从中发现旅游目的地之间的联系与差异。

"随着数据维度的不断丰富，应用场景的不断增多，尤其是移动化所带来的位置数据、物联网数据的日趋丰富，数据营销也在快速演进，中国的智能营销时代正在到来。"[①]

在这样的时代背景下，运用信息技术，实现旅游行业的精准营销，提高旅游目的地的营销效率，无疑具有极强的实践性。

一方面，在"云数智"技术的支持下，旅游目的地的营销活动将具有更强的针对性与精准性，"云数智"技术能够对旅游产业链和营销活动进行分析与预测，并对旅游者的需求进行精准挖掘，并做好人群匹配工作。

另一方面，旅游营销活动将更具个性化，细分市场也更加多样化，专业人员可以通过对数据的专业分析，确定不同游客的需求，以云计算技术快速找到最适合他们的旅游区域。

同时，通过云数据的统计分析，让旅游细分市场更加多元，可以更大限度地激发游客的旅游兴趣，挖掘旅游目的地的客源市场，实现营销水平的提高。

### （三）"云数智"有助于提升旅游景区口碑

在传统旅游行业中，旅游景区从业人员为了提升景区的各项指标和口碑，是期望从游客口中获知他们对景区的感受，从而进行相应整改，以提升景区口碑的。但是在信息技术尚未普及之时，工作人员无法全面获知游客的旅游体验与消费体验，有些工作人员会采用调查问卷等形式来搜集关于游客体验的信息，邀请游客为景区打分。但是这种满意度调查存在明显的不足。一方面，调查问卷的受众不够，接受采访和调查的游客仅为众多游客中较少的一部分，调查结果不具有全面性、普遍性；

---

① 张军爱.大数据背景下旅游业发展的新技术应用[J].科技创新与生产力，2020（02）：31.

另一方面，传统的数据搜集时效性较低，搜集过程需要耗费较长时间，搜集完成之后还要进行长时间的统计与分析，当结果得出之时，现实情况与调查时的情况或许已经有所不同。"云数智"与旅游业的结合则改变了这一现状，有助于景区更好地进行调查，提升口碑。

在互联网上，消费者可以通过互联网自主地发布关于景区的游览感受，及时提出比较中肯的评价，以供他人参考。同时，景区管理人员可以根据大数据获知近期前来游玩人员的联系方式，并以致电或网络的方式与他们取得联系，尽快获得关于他们体验与感受的信息，邀请游客在线打分。工作人员大量获取相关信息后，可以运用相关的应用或程序，实现快速统计和分析，直接得知景区目前存在的问题，并制订合理的解决方案。可见，互联网信息技术可以帮助景区工作人员全面而快速地获知游客的感受，并以此为依据开发适销对路的旅游产品，提升游客的旅行体验，是提升景区口碑的重要媒介。

### （四）云计算的运用可以很好地对旅游数据资源进行整合

云计算技术的融入在旅游行业中引发了一场变革，为传统的旅游服务模式注入了新的活力。在数字化时代，云计算不仅为数据的集中存储和高效处理提供了技术支撑，还使旅游服务变得更加个性化和灵活，极大地提升了消费者的体验。

在过去，旅游规划通常需要花费大量时间进行研究和安排，消费者往往只能依靠旅行社提供的有限信息或是通过朋友和家人的推荐来做决定。云计算的引入改善了这一现状。通过云平台，旅游业可以整合海量的数据资源，提供包括航班信息查阅、酒店预订、旅游景点评价以及实时天气情况查阅等服务，为消费者提供一站式的旅游规划服务。消费者可以通过云端服务轻松获取这些信息，并根据个人喜好和需求，快速制订或调整旅行计划。

云计算技术使旅游服务更为个性化。通过分析消费者的旅游历史、偏好和行为模式，云平台能够提供定制化的旅游推荐方案，如特色住宿、独特的体验活动及优惠的旅游套餐。这种个性化服务不仅提升了用户满意度，还增加了消费者对旅游产品的黏性。

对旅游企业而言，云计算技术的应用降低了运营成本并提高了运营效率。特别是对众多中小型旅游企业来说，它们通常没有足够的资金和资源来建立和维护大型的 IT 系统。云服务提供商能够为这些企业提供必要的技术支持，使这些企业能够以较低的成本实现技术升级。这不仅降低了企业的门槛，还使中小企业能够与大型企业在更为平等的条件下竞争，推动整个行业的健康发展。

云计算极大地促进了旅游业的国际化和市场拓展。通过云平台，旅游企业可以轻松管理跨国的业务，如国际酒店预订、海外旅游保险购买及全球旅游市场动态的查询。这不仅为消费者提供了更多的旅游选择，还为旅游企业开拓国际市场提供了便利。

### 三、"云数智"应用有助于优化游客的旅游体验

"云数智"应用有助于优化游客的旅游体验，这种优化是全方位的，对游客的出行、游玩、居住、购物等方面的体验都有明显的改变，如图3-2所示。

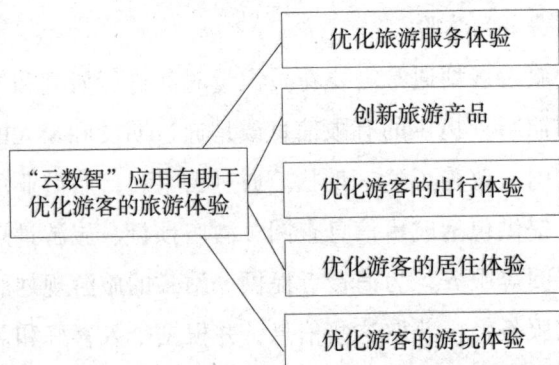

图 3-2　"云数智"应用有助于优化游客的旅游体验

## （一）优化旅游服务体验

随着大数据技术的飞速发展，旅游业正在经历一场深刻的变革。过去，旅游信息主要由旅行社和景区提供，这导致游客选择受限，旅游体验往往不能完全满足个人的需求和偏好。然而，大数据的应用为优化旅游服务体验开辟了新的可能，游客现在可以通过互联网平台轻松获取全面的旅游信息，从而实现真正意义上的个性化旅行。

在大数据时代，各种旅游相关的数据被收集和分析，包括景点信息、交通动态、住宿条件以及游客的反馈和评论等。这些信息的整合使游客能够在出行前就对目的地有一个全面的了解，如游客可以通过查看其他游客的评价和建议，了解哪些景点不容错过，哪些餐馆最受欢迎，哪些酒店性价比最高。这种信息的透明化不仅提升了游客的出行效率，还大大增加了旅行的乐趣和满意度。大数据技术还能通过分析游客的历史行为和偏好，为其推荐更加符合个人兴趣的旅游产品和服务。例如，如果一个游客在之前的旅行中频繁选择海滨城市和海鲜美食，那么系统就更可能为其推荐拥有美丽海滩和丰富海鲜资源的旅游目的地。这种定制化的推荐不仅让游客感受到专属的关怀，还能使旅游体验更加丰富和有趣。大数据还能为旅游业提供重要的决策支持。通过对大量游客数据的分析，旅游管理部门和企业可以更准确地把握市场趋势和游客需求，据此调整服务供给，优化资源配置。例如，通过分析特定时期游客的流量和行为信息，旅游景区可以合理安排开放时间和游览路线，有效管理人群密度，提升游客的游览体验。

## （二）创新旅游产品

随着社会的快速发展和个人需求的多样化，传统的旅游产品和管理模式已不足以满足现代游客的期望。游客对旅游体验的期待越来越高，他们寻求的不仅仅是观光游览，而是更加丰富、个性化和有意义的旅行体验。在这样的社会背景下，大数据技术的应用为旅游业带来了革命性的变革，尤其在旅游产品的创新和服务的个性化上展现出了巨大的潜力。

大数据能够通过分析海量的用户行为数据，帮助旅游企业深入理解游客的偏好和需求。这不仅包括游客的基本信息，如年龄、性别和居住地，更涵盖了游客的旅行习惯、消费行为和偏好变化。例如，通过分析过往的旅游数据，企业可以发现哪些旅游目的地更受游客的青睐，哪些活动最能吸引游客参与，甚至预测未来的旅游趋势。

利用这些洞察，旅游企业可以有针对性地设计和推出新的旅游产品。例如，如果数据显示有越来越多的年轻人对户外探险和生态旅游感兴趣，旅游企业就可以开发包含徒步、攀岩或野生动物观察等元素的旅游套餐。此外，对那些追求休闲放松的游客，企业可以提供如瑜伽健身、温泉疗养等健康养生的旅游产品。

大数据还促进了旅游产品形式的多样化。传统的跟团游虽然依然有其市场，但自助游、自驾游、定制游等新兴的旅游形式正逐渐受到游客的青睐。这些新形式的旅游产品更加灵活自由，能够给游客提供更多个性化的选择和深度体验，从而满足不同游客的独特需求。

例如，自驾游允许游客按照自己的节奏和兴趣安排行程，他们可以随时停留在心仪的景点，享受旅途中的每一刻。农家乐则给游客提供了与自然亲密接触的机会，游客可以在田园风光中放松身心，体验农耕文化。这种回归自然的旅游方式正成为都市人的更加偏好的选择。

在旅游产品创新的推动下，旅游业的整体服务质量和效率也得到了显著提升。大数据不仅改变了产品开发的方向和策略，更通过精准的市场定位和广告投放，增强了市场推广的效果，最终促进了旅游业的持续健康发展。

## （三）优化游客的出行体验

传统旅游模式下，游客想要出行，需要提前去火车站点购买车票，或前往机场购买机票，要处理排队、买票等一系列复杂而烦琐的事务，对部分人来说，这些出行前的准备工作会明显降低他们的旅游热情。

如今，"云数智"对游客的出行体验有明显的优化，事实上20世纪50年代美国航空公司就已经开发出了互联网预订机票系统，并极大地方便了当时人们的出行活动，明显优化了游客的出行体验。进入21世纪，随着我国互联网应用技术的不断发展，在2012年1月1日，我国也开启了互联网预订火车票的服务。如今，每一位国人在准备出游之前，只需要用电脑或者任意的移动智能终端，打开预订车票的服务系统，即可实现车票快速预订。另外，GPS技术也是时下比较热门的话题，当游客准备以自驾的方式旅游时，他们需要对目的地与途经地区有一个大致的了解。在21世纪之前，人们习惯于使用地图，但是由于各种各样的突发情况，地图常常无法完全反映路况信息，这给人们的出行带来了明显不便。如今，以信息技术为支撑的GPS在交通出行领域被广泛应用，给游客自驾出行提供了很大的便利。

### （四）优化游客的居住体验

在"云数智"技术发展之前，人们在旅游时时常会遇到"入住难"等问题，游客有时在比较偏僻的景区难以找到酒店，有时又会因为对酒店的各项条件不够了解，导致自己选择的酒店没有达到自己的预期，住宿体验不佳，这些情况在传统旅游业中时有发生。如今，"云数智"技术迅猛发展，游客能够在互联网平台预订酒店，这有效解决了大量游客普遍存在的"住宿难"问题。

在住宿之前，游客可以在各软件与应用中，快速查询各个酒店的基本信息，包括酒店的特色、设施、服务，还能查询酒店的历史评价，以便更加客观地了解酒店情况，为自己的预订获取具有一定参考价值的信息。另外，如果准备入住，游客还能够提前选择自己偏好的住宿环境，如无烟房或吸烟房、朝北或朝南等。

办理入住时，许多酒店已经开通"自助式入住"，游客只需要面向摄像头，把自己的身份证放在扫描区，就可以快速完成入住办理，这节约了大量的时间，减少了等候入住的时间。

入住之后，人工智能的应用也能为人们提供便利，优化游客的居住体验。目前许多酒店已经广泛应用人工智能，实现了家居家电的一体化智能操控。

例如，游客进入客房之后，只需要一句"你好，XXX"，即可与客房内的人工智能机器人对话，可直接以语音的方式操控客房内的窗帘、灯光、电视、空调等设备，游客无须亲自操作，这可以给经历过舟车劳顿的游客在身体与心理上带来极大的放松。

同时，如今外卖行业"盛行"，有些酒店开启开通"机器人送外卖"的送餐形式，外卖小哥将外卖放到酒店大堂，工作人员将餐品放在人工智能机器人的储餐箱中，输入房间号，人工智能机器人就会自己乘坐电梯，将餐品送到客房。

这种送餐方式既能够缓解酒店工作人员的工作压力，还能够给游客带来比较新奇的体验，优化他们的入住体验。一些高档酒店甚至还会配备更多智能化机器人，它们能够"胜任"的工作种类也更多，如餐厅送餐、酒店配送、楼宇配送、医院配送、接待讲解、产品宣传等。

## （五）优化游客的游玩体验

"云数智"技术可以优化游客的游玩体验。在前往景区之前，游客可以登录景区的门户网站，获取景区相关的信息，如开放时间、游览推荐、特色项目等。如果是人文类景观，游客也可以预先在互联网上查询相关的历史资料，以便加深游览过程中对文化的理解，从而获取更加深刻的感悟。例如，云冈石窟工作人员曾于2020年6月份开展"云游"云冈石窟活动，在网络上直播，从历史、考古、艺术、雕刻、文物保护、宣传、云冈趣闻等多个角度，多方面介绍云冈石窟。除了对于云冈石窟的详尽讲解和介绍，主办方还为直播间的网友策划了弹幕抽奖、趣味问答等一系列互动环节，可谓精彩纷呈，让用户足不出户，也能如身临其境般探寻历史足迹，感受云冈石窟蕴含的丰富文化底蕴，满足人民群众的精神文化需求，唤起人民群众对世界文化遗产的保护意识。

另外，借助"云数智"技术，游客还可以享受个性化旅游路线的制订服务。游客只需要在特定的软件和应用上输入自己的旅行目的地、旅行偏好等信息，包括旅游期限、基本预算、旅行风格等，系统就会快速分析，并为游客提供实际可行的旅行方案，这对"初来乍到"的游客无疑是一个好消息，可以优化游客的游玩体验。

游玩结束之后，"云数智"应用可以帮助人们记录当时的点点滴滴。不论是按照日期还是按照事件进行记录，"云数智"技术都会让当时的游览体验历历在目，还可以帮人们制作纪录片、PPT，还可以帮助人们把游览经历制作成微电影，最重要的是游客可以把这些宝贵的经历拿来和大家分享，帮助其他人了解旅游的详细内容。

# 第二节 旅游业商业模式创新对"云数智"发展的影响

## 一、旅游业商业模式创新是对"云数智"技术的充分检验

自从进入 21 世纪，信息技术就与各行各业联系了起来，信息化成为这一时代最显著的特征，也是最显著的发展优势。各行各业都应当乘着信息技术的"东风"实现创新转型，步入发展的"快车道"。

对旅游业而言，与"云数智"技术结合，实现信息化转型与发展也势在必行。众所周知，"云数智"对旅游业具有促进作用，能够有效带动旅游业朝着更为多元化的方向蓬勃发展。反过来，旅游业的商业模式创新实际上也是对"云数智"技术的充分实践。经过实践反复而充分的检

验,"云数智"技术才能够真正带动行业实现跨越式发展。

首先,为旅游业商业模式创新而搭建大量信息化基建设施是对"云数智"技术硬件质量的检验。想要实现旅游业的信息化转型,就需要搭建数量充足、规模庞大的基建设施,这些基建设施是实现信息化的基础。试想,如果公路没有修好,汽车怎能顺利行驶?同理,没有完善配套的基建设施,信息也就无法实现便捷有效的传输。所以,信息基建设施的搭建工作十分重要。当这些准备工作完成之后,基建设施就要投入旅游活动之中。例如,发布旅游景区信息和公告,开展网上旅游论坛活动,举行线上旅游文创产品售卖活动,等等。总之,随着旅游业中各种各样的信息化活动的不断开展,也是对"云数智"基建设施的安全性、耐用性等指标的检验。

其次,为旅游业商业模式创新而创设信息化门户与平台是对"云数智"技术的软件质量检验。以"云数智"技术为依托,转变传统旅游业发展模式,开创全新的旅游商业模式,除需要建设大量可靠的基建设施之外,还需要专业人员在互联网上创建种类多元、资源丰富、操作便捷的软件与应用。软件与应用是面向广大受众的,只有这些软件与应用受到用户的一致好评,才能推动"云数智"技术旅游业的继续发展。而广泛应用"云数智"软件与应用,既是发现问题的过程,也是解决问题的过程,随着"云数智"旅游的相关软件与应用的逐渐增多,相关技术的水平必然会在反复实践与操作中不断提升。

## 二、旅游业商业模式创新有助于"云数智"技术的持续研发

随着"云数智"技术在旅游业中的广泛应用,人们会越来越习惯这种新时代的新型旅游方式。数字化旅游与传统旅游存在明显的差异,数字化旅游,无论是旅游开始前的准备,还是旅游活动中的各项事务,抑或旅游结束后的评价与反馈等,都比传统方式更为轻松和便捷。

旅游业在"云数智"技术的支持下也能够拓宽旅游目的地营销活动

与推广活动的受众群体。总之，在信息时代，以"云数智"技术为基础，推行数字化旅游，对旅游者和旅游业都有多种益处。

但是，目前旅游业商业模式的创新也不可避免地会面临一些挑战，如信息技术专业人员的数量不够充足，人才队伍仍不完善，部分项目资金周转困难，部分游客对互联网不熟悉等。人们需要找到一些可行的方案，以便有效解决这些问题。

总的来说，需要进一步加强旅游业商业模式创新的推进强度，时代在进步，任何行业应当随之做出改变，以适应时代发展的步伐。旅游业商业模式的转型与发展，必然伴随着大量的"云数智"新型技术的创新与实践，才能形成良性循环。以旅游业的商业模式创新，倒逼"云数智"技术广泛应用和其在旅游业中的"全面渗透"，既是对"云数智"技术的实践，也有助于相关技术的持续研发，从而进一步提升信息化旅游的专业水平，吸引更多的专业人员加入信息技术的研发队伍。

# 第四章 旅游业"云数智"化转型的组织变革

## 第一节 旅游业"云数智"化转型的组织技术变革

### 一、新兴科技为旅游业转型赋能

科技在旅游业发展史上一直发挥着关键作用。近 20 年来，以信息技术、通信技术、高速交通等为代表的关键共性技术的发展，提升了旅游行业的现代化水平，改变了旅游活动的组织方式、旅游服务形式、旅游业组织架构，推动了旅游商业模式创新、产品和业态创新，并由此形成了新的劳动分工和职业岗位，大大提升了旅游行业的生产效率和公共管理服务效能。

#### （一）科技发展促进旅游业组织技术多元发展

科技不仅在提升游客体验方面发挥着重要作用，还在优化旅游业的经营管理和增强行业竞争力方面显示出不可替代的价值。

新一代信息技术的引入是促使我国旅游业技术创新最活跃的因素。

例如，人工智能（artificial intelligence, AI）就在旅游定制和推荐服务中展现出了巨大潜力。通过大数据分析和机器学习，AI能够根据游客的行为习惯和偏好提供个性化的旅游产品和服务。这不仅提升了游客的满意度，还提高了业务的转化率。同时，移动互联网的普及使旅游信息的获取更加及时和便捷，而移动支付技术的应用则简化了交易流程，提高了交易安全性。

机器人客服和直播营销在旅游行业中的应用也是技术创新的典型代表。机器人客服可以提供24小时不间断的服务，解决人力资源短缺的问题，同时降低运营成本。直播营销作为一种新兴的营销方式，可以通过视频直播带领观众进行虚拟游览，不仅增强了互动性，还让游客在决定出行前能更直观地了解目的地。

不过，我国旅游业在科技创新方面虽有显著进步，但仍存在不均衡的现象。领先的技术，如AI和移动支付正在改变游客的旅游方式和体验，但在住宿节能、景区技术整合等方面仍有待提升。未来，旅游业的科技创新应更加注重技术的整合应用和可持续发展，以实现旅游业的全面升级和长远发展。这不仅需要政府的政策支持，更需行业内部的技术研发和创新意识的增强。

### （二）大数据、人工智能推动旅游业加快转型

大数据和人工智能的应用，不仅改变了传统旅游业的面貌，还为行业带来了新的增长动力和发展机遇。大数据技术的成熟为人工智能的发展提供了坚实的基础。大数据通过收集和分析海量的用户数据，可以帮助旅游企业更好地理解消费者的需求和行为模式。这一过程中，AI技术发挥着至关重要的作用，它通过算法分析这些数据，为游客提供个性化的推荐，如提供定制化的旅游路线、住宿建议和娱乐活动。例如，旅游推荐系统可以根据游客以往的旅行历史、搜索偏好和购买行为，智能推荐最与其兴趣相合的目的地和旅游活动。新一代信息技术，如5G和物联

网的应用使旅游服务更加便捷和智能化。5G 技术的高速度和低延迟特性使大量数据传输成为可能，这直接推动了虚拟现实（virtual reality, VR）和增强现实（augmented reality, AR）技术在旅游行业的应用普及。游客可以在实际前往目的地之前，通过 VR 设备体验到 360 度的全景虚拟旅游，或者在实地游览中通过 AR 技术获得互动式的信息和解说，大大丰富游览的体验。安全性也是旅游业转型中需要注意的一个重要方面。随着技术的进步，人脸识别和生物识别技术等已被广泛应用于机场、酒店和景区的安全检查中。这些技术不仅提高了安全检查的效率，还减少了游客的等待时间，提升了旅游体验的整体舒适度。数字化无人服务技术的应用越来越成熟，如无人商店和无人酒店。机器人或自动化系统提供服务，不仅降低了人力成本，还能 24 小时服务，满足游客不同时间段的需求。例如，无人酒店可以通过自动化入住系统和 AI 助手，解答游客的询问，提供必要的服务，如叫车、餐饮预订等，使服务更加高效和个性化。

## 二、文化旅游融合特定技术创新发展

文化和旅游的融合发展是现代社会进步和创新的重要体现。随着科技的飞速发展，文化和旅游产业正在经历一场深刻的变革。

文化场馆的数字化建设为文化旅游融合提供了坚实的基础。传统的文化场馆，如博物馆、展览馆、文化中心等，通过数字化改造，可以实现信息化管理和互动展示。例如，数字博物馆通过高清扫描技术和虚拟现实技术，可以将珍贵文物和艺术品以数字形式呈现出来，让游客即使身在异地也能感受到文化的魅力。此外，文化场馆的数字化建设还包括智能导览系统、在线票务系统和多媒体展示系统等的建设，使游客能够更加便捷地获取信息，提升参观体验。

旅游演艺也能借助技术力量，着重打造文化内容。现代科技为旅游演艺注入了新的活力，使其不仅能保留传统的表演形式，还能提升演出效果。例如，全息技术、投影技术和舞台机械技术的应用，可使演出效果更加逼真，观众仿佛置身于一个全新的世界中。同时，数字化演艺还能够通过互联网进行实时直播，让更多人能够共享这场文化盛宴，打破时间和空间的限制。

"夜经济"的发展也为文化旅游的融合提供了新的探索方向。随着人们生活节奏的加快，夜间消费逐渐成为一种趋势。在"夜经济"下，饮食文化、休闲文化和娱乐文化被不断丰富，吸引了大量游客。科技在这一过程中发挥了重要作用，例如，智能灯光系统和多媒体展示技术的应用，使夜间的文化活动更加丰富多彩。此外，人们还可以通过数据分析科技，了解游客的兴趣和需求，定制个性化的夜间旅游产品，提高游客的满意度。

文创产品的科技创新是文化旅游融合发展的另一个重要方面。文创产品不仅是文化的载体，还是旅游的纪念品。科技的应用为文创产品的设计和生产带来了无限可能。例如，3D打印技术可以快速复制传统工艺品，增强现实技术可以让游客在购买文创产品时获得更加直观的体验。此外，智能设备的应用，如智能手环、智能音箱等，也使文创产品更加具有互动性和趣味性。文化艺术的数字展览是文化旅游融合发展的又一亮点。传统的艺术展览往往受限于场地和时间，而数字展览则突破了这些限制。通过虚拟现实技术和增强现实技术，游客可以在任何时间、任何地点欣赏到世界各地的艺术珍品。例如，虚拟博物馆、在线艺术展览等，可以使参观艺术展览更加便捷。此外，数字展览还能够结合多媒体技术，通过音频、视频、动画等多种形式，丰富艺术作品的表现力和观赏体验。

新媒体和新媒介对文化艺术的新表达也为文化旅游融合带来了新的机遇。随着社交媒体、短视频平台和直播平台的兴起，文化艺术的传播渠道更加多样化。通过这些平台，文化艺术能被迅速传播，吸引更多受众。例如，艺术家可以通过短视频平台展示自己的创作过程，吸引观众的关注和互动；博物馆和文化机构可以通过直播平台进行在线导览，让更多人了解和欣赏文化遗产。非物质文化遗产的保护和传承是文化旅游融合中的重要内容。许多非物质文化遗产因其独特的技艺和文化价值，吸引了大量游客的目光。然而，这些文化遗产往往面临着传承困难和保护压力。科技的应用为非物质文化遗产的保护和传承提供了新的手段。例如，通过高清录音录像技术，人们可以将传统技艺完整地记录下来；通过虚拟现实技术，人们可以模拟传统技艺的制作过程，让游客亲身体验。此外，科技还可以通过大数据分析，了解非物质文化遗产的传播和影响状况，制订更加有效的保护策略。

文化旅游融合特定技术创新发展，在现代社会中拥有广阔的应用场景和发展机遇。通过文化场馆的数字化建设、旅游演艺的技术应用、"夜经济"下的文化探索、文创产品的科技创新、文化艺术的数字展览、新媒体对文化艺术的新表达、非物质文化遗产的技术结合，以及新型科技的应用，文化和旅游的融合发展不仅提升了文化产品的品质和多样性，还增强了游客的获得感和幸福感。科技的不断进步，将继续推动文化旅游的创新和发展，为人们带来更多精彩的旅游体验。

# 第二节　旅游业"云数智"化转型的组织结构变革

## 一、旅游产业结构合理化

旅游业"云数智"化转型，为旅游产业组织结构的合理化变革起到了推动作用。在传统旅游结构下，旅游产业中存在许多不合理的问题，这些问题限制了旅游业的进一步发展，主要体现在以下几个方面：同质化现象、不协调现象、表面化现象。同质化现象，指传统旅游产业结构同质化倾向比较严重。国内景点众多，但是许多景点的发展往往缺乏自己的特色，许多旅游企业并未真正发现旅游资源的独特性，而是仿照其他旅游资源进行开发，丧失自身特点，缺乏新意。不协调现象指传统旅游产业结构发展不协调的现象。在不同的区域，旅游产业的发达程度存在明显的差别。在部分历史文化名城与经济发达地区，旅游资源的发掘比较充分，旅游产业结构比较完善，而在经济欠发达地区，旅游产业还不够体系化，甚至还有无人看管的情况出现。表面化现象，指传统旅游产业的开发不够深入，许多景区的开发流于表面，缺乏吸引力。

在旅游业"云数智"化转型的今天，旅游产业结构日趋合理化，这明显改善了传统旅游结构中存在的陈旧性问题。第一，旅游企业愈加重视各旅游景区、旅游资源的特色，努力打破同质化发展的"牢笼"，力图实现景区差异化发展。只有找到不同的发展方式与发展路线，才能促进各景区找准自己的定位，实现更高层次的发展。第二，有关部门愈加重视旅游产业结构发展，开始改善产业链条，在保证产业发展速度的同时，更加注重产业的均衡性与协调性，旅游产业的协调性越来越强。第三，旅游企业发现传统产业结构所存在的不足，开始着重挖掘旅游资源的深刻内涵，如文化类型旅游资源所潜藏的文化意蕴等。总之，在"云数智"新技术的加持下，传统的旅游产业结构发生了明显转变，现代化旅游产业结构优势开始凸显出来，进而有助于实现我国旅游经济的持续稳定增长。

## 二、旅游产业结构高度化

高度化，是指在合理化的基础上，充分利用现代科技成果，有效利用社会分工优势，不断提高旅游业的技术构成和旅游生产要素的综合利用率，促进旅游产出向高附加值方向发展，以提高旅游经济综合效益的发展方向。主要举措包括在旅游业总产出中，提高高需求收入弹性、高附加值行业的产出比重，并带动整个旅游业总产出迅速增加。

旅游产业结构高度化发展之后，将与传统旅游产业结构形成鲜明的对比。传统旅游产业缺乏现代产业技术，社会分工不够明确，时常会出现分工上的瑕疵，阻碍旅游业进一步发展。

在"云数智"技术的推动下，现代旅游业的信息化程度不断加深，产业结构高度不断提升，许多分散的小型旅游企业都已经凝聚发展成为集团式企业，为旅游产业的发展贡献了宝贵的力量。集团化将成为旅游企业求得生存并获得进一步发展、壮大的必由之路。这符合世界经济发展的总趋势。

# 第三节　旅游业"云数智"化转型的组织战略变革

## 一、科技产品更新迭代成为组织战略变革的动力

社会时刻在发展，信息社会的发展速度远胜往昔，在数字技术爆发的信息社会，人们面临着越来越多的不确定性，未来的社会环境、发展战略充满变数。面对社会的发展，人们好似雾里看花，社会的易变性、复杂性、模糊性也逐步显现了出来，这对社会各行各业的影响是巨大的。对于旅游企业来说，最重要的是开展组织战略变革，推进发展战略转型，争取抓住变中之不变，以应对时代的发展变化，实现行业的不断发展。

在信息时代，旅游企业在组织战略上最显著的变化之一就是企业的发展动力发生了变化。在传统旅游行业中，旅游企业只需要"一切照旧"，按照既定的旅游企业发展方式运转即可，旅游企业的日常事务管理、旅游路线安排、顾客服务体系等都无须做出较大的变动，只需要针对不同区域的环境特点与文化特点做出细微改变。

而如今，大量的科技产品取代了曾经的产品，同时，科技产品更新迭代速度飞快。在旅游业"云数智"转型发展中，必然要大量运用各种各样的科技产品，这也是旅游业"云数智"转型的核心，所以旅游企业的组织战略必须把科技产品的发展放在首位，谁掌握更强的科技力量，谁就更有可能实现旅游领域的重大突破，从而实现旅游企业的长效发展。

进入 21 世纪，尤其是近几年，世界各种新兴技术层出不穷，以云计

算、大数据、人工智能为代表的多种信息技术进入人们的视野，并开始被广泛应用于旅游行业之中。例如，公有云已经发展到了第 16 个年头，并进入了在公有云领域的各行业、各家云厂商之间开始火热竞争的阶段，云计算服务也层出不穷，朝着计算边缘化、服务粒度精细化、集成能力更强的方向发展。例如，腾讯云发布"AI 即服务"战略新品"智能云"，将腾讯在计算机视觉、自然语言处理、语音识别等领域的三大核心 AI 能力开放给更多企业和机构。又如，AlphaGo 的诞生让人工智能最大限度地获得了全球关注的目光，同时成功地让业界、媒体、企业对人工智能产生了兴趣。人工智能的机器学习和深度学习，也在一定程度上促进了旅游企业的发展战略变革。

面对变幻莫测的社会环境，旅游企业必须比以往任何时候都更加重视科技产品，除了吸纳社会中比较先进的新型技术，企业内部也要进行适当的科研尝试，以加快旅游业"云数智"转型步伐。

首先，旅游企业应当提高企业员工的创新能力与科研能力。创新能力与科研能力是加快企业发展速度，发掘企业创新潜力的重要能力。要重视创新科研人才，加大人才培养力度，适当开展培训活动，让企业人才获得更加充分的提升能力的机会。要与其他企业广泛开展产业合作，扩大交流与沟通范围，促进知识与技术的流通，以提高企业的现代化水平。要为企业员工开通比较完善畅通的晋升渠道，以激励员工自我提升的积极性，促进他们不断提升自己，完善自我，为旅游企业作出贡献。

其次，旅游企业应当促进"云数智"技术与旅游业的结合。要大量引进社会中比较先进的新技术，为旅游产业变革赋能。要有敏锐的商业意识，善于发现具有一定发展前景的新技术，把全新的技术投入企业的创新与变革进程之中，抓好前沿性技术攻关，带动旅游产业创新，促进相关应用技术的持续开发。

## 二、满足游客的个性需求成为组织战略变革的特点

旅游业"云数智"转型之后，能够以各种新兴数字技术为支撑，打造更加宽广的网络平台，从而为游客提供丰富、全面、个性化的服务体系。目前旅游企业的组织战略变革也要符合这样的趋势，要将满足游客的个性需求作为组织战略变革的重要特点。

反观传统旅游模式，无论游客来自哪里，具有怎样的偏好和习惯，无论旅游景区坐落于哪里，具有怎样的传统习俗，也无论旅游企业具有怎样的发展规划，它们的旅游模式都是千篇一律的。在这种单一性的旅游模式下，旅游线路就会过于单调乏味、旅游项目也会缺乏新鲜感与体验感，游客的旅游体验缺乏个性化，每个人所获得的体验都大同小异。在信息时代，旅游业在"云数智"发展下，可以通过云计算、大数据、人工智能等新兴技术，对游客群体进行科学合理的分析，经过分析之后，系统会对游客群体进行细分，再针对细分之后的不同群体安排具有个性的旅游方案。另外，当代旅游的主体大多数是"80 后""90 后"，在他们成长的年代，社会经济处于快速增长期，多数人不需要为生活而担忧，具有更强烈的旅游意愿，也更希望通过旅游活动彰显自己的个性。这也在侧面为旅游业的"云数智"发展带来了积极的影响。因此，现代旅游业在"云数智"转型中将细分群体，并要求旅游企业针对不同的群体制订个性化的旅游服务方案。因此，旅游企业必须做好组织战略的改革，要把满足游客个性需求作为目前组织战略的新特点。

首先，旅游企业应当运用"云数智"技术大量获取用户的特点与偏好信息，并对其进行全面分析，以收集不同游客的旅行需求。要构建开放式门户网站，邀请大量用户注册登录，参与网站的旅游话题探讨，通过大量探讨信息，总结用户的特点。要在微信小程序推广公众号，定期推广旅游相关的文章，搜罗用户对旅游活动的看法和期望。将在网络平台上获得的用户相关数据进行整合与梳理，对用户的旅游需求进行分析，

从中发现游客最关注的要点。例如，找到不同年龄段、不同职业、不同区域人群的旅游兴趣点等。

其次，旅游企业应当运用"云数智"技术做好旅游宣传推广工作。要以收集到的大量与用户相关的信息与资料为参考，运用现代化信息推广技术，向用户群体进行信息推广，包括在各种软件与应用中的推广和网页推广等。要在宣传推广工作中体现用户的兴趣点，以吸引他们的目光，让他们对旅游产品提起关注。

### 三、智慧互联成为组织战略变革的关键

在当前的数字化时代，旅游业面临着前所未有的机遇和挑战。随着信息技术的快速发展，特别是互联网、大数据、人工智能与物联网的广泛应用，智慧互联技术已成为推动旅游业战略变革的关键力量。这种变革不仅仅是技术的升级换代，更是旅游业务模式、管理方式和客户服务的全面革新。

智慧互联技术使旅游业的服务模式发生了根本性的变化。传统的旅游业务依赖线下服务点的发展和人工操作，而现代智慧旅游业则通过互联网平台，将服务数字化、网络化。例如，通过智能手机应用，游客可以实时访问旅游信息，预订酒店、机票和旅游套餐，甚至可以根据个人偏好和实时反馈调整行程。这种即时性强又个性化的服务极大地提升了游客的旅行体验，同时为旅游企业带来了更高效的运营模式和更精准的市场定位。

智慧互联技术促进了旅游业内部管理的优化。通过集成企业资源规划（enterprise resource planning, ERP）、客户关系管理（customer relationship management, CRM）系统，旅游企业能够实现资源的优化配置和客户关系的深度管理。数据分析工具能够帮助企业分析消费者行为，预测市场趋势，从而制订更为科学的营销策略和产品开发计划。此外，智能调度系统和物联网技术可以优化旅游交通、酒店管理等，大幅提升服务效率并降低运营成本。

智慧互联技术也推动了旅游业商业模式的创新。例如,以位置服务的推广和虚拟现实技术的应用为基础,智慧互联技术可以为旅游业创造全新的商业模型。位置服务可以向游客提供周边的餐饮、娱乐信息,并根据用户的地理位置推送个性化广告,这不仅增加了旅游服务的附加值,还为地方经济的发展开辟了新渠道。而虚拟现实技术则可以为游客提供沉浸式的旅游体验,如虚拟游览遥远的历史遗迹或自然风光,这不仅扩展了旅游产品的种类,还使旅游体验更加多元化,更具创新性。

智慧互联还强化了旅游业的可持续发展能力。利用智能系统监控旅游资源使用和环境影响情况,旅游企业和管理部门能够及时调整策略,以保护旅游资源和环境。例如,智能节能系统可以在酒店和旅游场所中被广泛应用,以减少能源消耗和碳排放;智能监控系统则可以有效管理游客流量,避免过度旅游给自然和文化遗址带来破坏。总之,智慧互联技术的引入不仅改变了旅游业的服务方式和经营理念,更成为推动其战略变革的关键因素。

# 第四节 旅游业"云数智"化转型的组织管理变革

## 一、旅游企业组织管理体制创新

旅游业"云数智"化转型发展已经成为旅游业发展的重要趋势,旅游企业组织管理体制也正在由过去的片面的组织管理朝着健全化方向发展。

### (一)建立健全旅游企业的管理制度

只有建立健全的企业管理制度,才能够促进旅游企业创新发展。曾经的旅游企业多是政府代为管理,这种集中统一式的管理模式能够在一定程度上促进旅游企业发展,但是这种发展模式容易陷入一种发展"瓶颈"，在"瓶颈"阶段，旅游企业难以实现突破。在信息时代，社会发展呈现出个性化的发展趋向，企业的管理制度也在悄然发生变化，全新的企业单独管理模式代替了以往的政府集中管理模式，旅游企业在管理时有了更多的自主权。旅游企业的管理者最了解企业情况，他们能够根据实际情况，制订各自的发展计划，不断建立和健全管理制度。

在以往的旅游企业经营管理中，政府会较多地参与企业管理事务，企业的管理者只能够根据总体的方针来进行运作，这限制了旅游企业的活力与创造力。长此以往，企业只能被动地适应旅游市场，难以实现更高层次上的进步。

近年来，政府对旅游企业的管控逐渐放宽，实现了旅游产业的权力下放，让更多的旅游企业具有自主决定企业发展的决策权。在这样的背景之下，企业对如何更好地适应市场及领导市场有了更贴合实际的考虑。同时，有一些曾经过度依赖国家的企业即将开始转型，参与正常的市场竞争，这在一定程度上激发了旅游企业变革管理制度的积极性。

旅游企业需要自己为自己的企业负责，管理制度要兼顾企业内部环境与市场外部环境，需要保证企业内外部的和谐发展。一方面，旅游企业自主管理的模式提升了管理者的积极性，也调动了企业员工的工作积极性；另一方面，旅游企业的管理者作为最熟悉自身企业相关情况的人，往往能够制订出最符合企业的实际情况的管理制度。

### （二）在旅游企业管理制度中增加考评机制

考评机制是一种能够有效提高主体积极性与能动性的机制体系，在企业内部制订完善的考评机制能够促进企业的良性发展，避免企业内出现违规操作。制订合理的考评机制，主要有以下几个原因：考核员工工作绩效；建立有效的绩效考核制度、程序和方法；让公司全体职工，特别是管理人员对绩效考评产生认同感；促进绩效考评制度的完善；促进公司整体工作绩效的提升。旅游企业的传统管理制度，缺乏科学合理的考评制度，无论企业员工是否做出了优秀的成绩，都只能获得一样的收入，这对能力较强的员工不够公平，长此以往只会降低他们工作的积极性。考评机制的重点就在于能够量化评定每一位员工的工作业绩，对优秀员工给予更多的表彰。

旅游业"云数智"转型能够运用新兴设备与新兴软件对员工的工作情况，以及企业的运转情况做好量化工作。要逐渐加深业绩考核的量化程度，保证所有的管理者与员工都对旅游企业的发展情况有比较明确的认知，从而以更清晰的定位规划未来的发展。在该项工作中，管理人员可以运用各种新型设备，如电子监控、智能摄像、智能互联等，可以使用一些软件，来了解员工的工作情况与进度安排，如"钉钉""腾讯会议"等。

需要注意的是，随着考评机制的逐渐完善，量化标准越来越细，某些旅游企业也可能会出现一些消极的情况。例如，有些旅游企业的内部员工可能会为了争取业绩而不惜牺牲企业声誉，如有些员工可能会倒卖游客。这种不良竞争现象，值得每一位旅游从业者和旅游管理部门工作人员深刻反思。另外，旅游企业的管理制度不仅要把经济效益作为考评指标，还要建立独具特色的管理体制，不断优化和完善旅游服务，树立更好的旅游企业形象，从而提升其市场竞争力。

### （三）丰富发展旅游企业的管理手段

在信息时代，旅游企业的管理手段也在发生明显变化，传统管理手段向信息化管理手段变革，为旅游业的"云数智"发展助力。如果说先进的管理理念与管理思路是旅游企业创新变革的前提，那么先进的管理手段则是帮助旅游业"云数智"转型发展落地实践的一大助力，先进的理念与先进的管理手段缺一不可，二者共同优化企业管理模式。而传统旅游企业的管理手段则形式单一，效果也并不明显。

旅游业"云数智"化转型在管理手段上有多种体现，具有深刻的时代意蕴。利用新兴的"云数智"技术人们可以解决传统管理上的诸多弊端。例如，传统模式下测试酒店的住宿条件需要员工亲自去考察，要进入酒店内部巡视检查，虽然能够实地考察酒店的各项情况，做出比较贴切的评判，但是工作效率低下，无法在有限时间内完成大量的任务。同时，对员工的评判具有很强的随机性与主观性，公正性、公平性、公开性都无法保证，让企业管理的成本和时间都明显增加。如今的信息化管理可以让工作人员运用管理软件，结合"云数智"技术，通过GPS定位，快速锁定目标酒店，进行360度全方位考察，包括电源情况、卫生情况等，都能够一目了然。又如，软件开发平台大部分集成了标准化软件的功能，如办公自动化（Office Automation, OA）、客户关系管理（Customer Relationship Management, CRM）、进销存、文档管理、合同管理等模块，旅游企业可以巧妙运用这些模块，结合企业的发展情况，进行特色定制，以提升管理品质。运用丰富的信息化管理手段，能够大大减轻企业管理人员的工作强度；大大提高企业管理的工作效率，有力地促进企业管理工作的规范化。

## 二、旅游企业组织管理手段创新

旅游企业也要从组织管理手段上进行创新，以促进旅游业"云数智"化转型发展。

要努力拓展法律手段。法律法规是管理的依据，旅游组织管理应当建立健全保护旅游资源的法律法规体系，做到有法可依、有章可循，规范各方行为，为旅游者营造良好的旅游环境。

我国旅游业起步较晚，法制不健全、规章制度不完善的问题在旅游发展初期较为突出。

但随着我国社会主义市场经济体制的日渐完善以及旅游业的不断发展，这个问题已得到缓解，国家及地方都加大了立法步伐和执法力度，已初步形成了一套环境管理的法律、法规，如《中华人民共和国文物保护法》《中华人民共和国森林法》《中华人民共和国水土保持法》《中华人民共和国大气污染防治法》《中华人民共和国环境影响评价法》《中华人民共和国环境保护法》《中华人民共和国野生动物保护法》《风景名胜区条例》等。

但旅游业的环境管理和一般意义上的环境管理相比，所涉及的面更广，因素更复杂，仅借助这些法律法规或一些地方性的保护条例来处理各项违法事件，操作起来会觉得相关规定内容少、不成体系且缺乏针对性。

这给当前旅游业的环境管理带来诸多不便和一定程度上的混乱，有时多法适用相互抵触，有时甚至无法可依，严重阻碍了旅游的正常发展。因此，有关立法部门应尽快制定和颁布与旅游业环境管理相关的法律法规，以便完善现有的制度。

# 第五章 旅游业"云数智"化转型的新商业模式

## 第一节 共享经济模式

### 一、共享经济

共享经济，最早由美国得克萨斯州立大学社会学教授马科斯·费尔逊（Marcus Felson）和伊利诺伊大学社会学教授琼·斯潘思（Joe L. Spaeth）于 1978 年发表的论文《Community Structure and Collaborative Consumption: A Routine Activity Approach》中提出。

在移动互联、大数据、云计算等技术的支撑下，共享经济成为一个快速发展的领域，并成为提升资源配置效率的重要方式。从共享单车到共享汽车，从共享信息到共享充电宝，"共享"已经成为当下热词。那究竟什么是共享经济呢？它是基于互联网技术和资源配置模式，通过对闲置资源的高效再利用，缓和供求矛盾，达到供求双方收益最大化的一种经济模式。共享经济既能满足人们对物质的需求，也解决了人们对环境保护和资源配置不合理的忧虑。简而言之，就是凡有剩余，皆可共享，不求拥有，但求所用。

近年来，由于我国经济增长平稳，政府陆续出台了一系列针对共享经济发展的鼓励政策和监管政策，引导共享经济良性有序发展。共享经济在我国正处于快速发展期。共享经济所涉及的领域也在不断扩大，如医疗、教育、交通、旅行、金融等，共享经济几乎已经涵盖了人们生活的每个角落。

## （一）共享经济简介

谈及共享经济，人们可能会觉得比较陌生，对于许多人而言，共享经济是一个比较新的概念。但事实上，与共享经济具有相似内涵的活动与行为自古就已经存在。在古代社会，亲朋好友、邻里街坊之间互相借用东西就是一种传统形式的共享。不过那时候的共享活动与今天的共享经济仍然存在一些明显的区别，古代共享经济受空间与人际关系这两个要素的限制。两个人相隔太远，就无法实现共享；两个人关系不熟、不够紧密，也无法实现共享。可见，传统意义的共享不是无要求、无门槛的共享，而是建立在特定空间与人际关系上的共享活动。

进入信息时代，由于信息技术水平的大幅提升，新时代共享经济开始"崭露头角"，逐渐发展起来。从 2000 年以来，伴随着 Web2.0 时代的到来，各种网络虚拟社区开始出现，用户开始在网络空间上向素未谋面的陌生人表达自己的内心所想，大家开始分享自己的情绪与体验，这意味着共享时代即将到来。不过，网络上的社区通常为匿名的形式，不涉及实际物品的分享，只是一种文字交流。

到 2010 年，许多新型的共享平台出现了，这些平台改变了以往共享平台的传统形式，不再仅限于文字交流，而是还可以进行实物共享，如"Uber""Airbnb"等，这意味着共享经济开始从纯粹的无偿共享或分享，变为以获得一定的收益和利润为主要目的的共享。

按照多数学者的看法，共享经济，指利用互联网等现代信息技术整合、共享海量的分散化闲置资源,满足多样化需求的经济活动总和。从共享经济的定义中,可以提取出三方面的要素。第一,共享经济是信息时代下,因新兴技术不断更新而产生的全新经济形态,其技术支撑包括如今信息技术领域的云计算、大数据、移动支付、物联网等,基于上述各项信息技术,共享经济才成为可能;第二,共享经济能够有效解决闲置资源浪费与部分资源短缺的社会问题,从而快速有效地提升居民的幸福指数,同时能实现资源利用效率的最大化;第三,共享经济与信息社会的发展理念相一致,强调以人为本、可持续发展、物尽其用,这种新型的消费观是新时代最应当推崇的。

从共享经济发展的内在需求来看,有闲置资源是前提,用户体验是核心,信任是基础,安全是保障,大众参与是条件,信息技术是支撑,资源利用效率最大化是目标。

## (二)共享经济的特征

共享经济的特征主要体现在六个不同的方面:技术特征、主体特征、客体特征、行为特征、效果特征、文化特征,如图5-1所示。

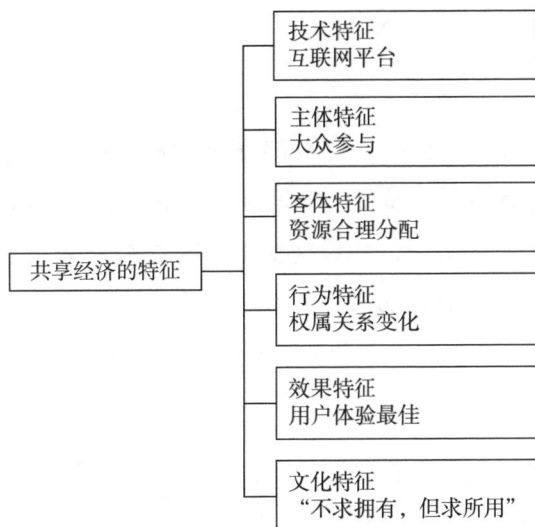

图5-1 共享经济的特征

1.技术特征——互联网平台

共享经济活动要在互联网平台上进行，也正是因为有了互联网技术的迅猛发展，共享经济才有了广阔的空间，供给方与需求方才能快速建立密切联系。互联网平台起到的是"桥梁"的作用，它并不直接提供产品或服务。总之，如果离开互联网，信息时代的共享经济将无法实现，互联网技术是发展共享经济的基本保障和基础。

2.主体特征——大众参与

共享经济需要大众参与，参与的人越多，共享的资源越丰富，共享的范围也越广，需要有足够多的供给方与需求方，共同构建形成一个完善的共享经济网络。"足够多的供方和足够多的需方共同参与是共享经济得以发展的前提条件。互联网平台的开放性使得普通个体只要拥有一定的资源和一技之长，就可以很方便地参与到共享经济中来。"[1] 可见，大众参与对构建共享经济十分重要。另外，主体的数量与规模达到一定的水平时，会产生群聚效应，群聚效应本是社会动力学的术语。之所以将其用到这里，是因为这种群聚效应能够进一步促进共享经济的发展，在社会上产生"1+1 > 2"的效果。

3.客体特征——资源合理分配

在共享经济中，客体指的是有待分配的大量资源，这些资源有些被长时间闲置，包括空闲的设备、房间等。想要发展更高层次的共享经济，人们需要大量的空闲资源，并对这些资源进行科学合理的分配，从而让资源都能够发挥出其内在的最大价值。总之，共享经济的根本要义就是把部分人的闲置资源供另一部分缺乏该资源的人使用。

4.行为特征——权属关系变化

共享经济，指供给方将资源租给需求方，需求方在特定时间内获得

---

① 马海龙，杨建莉.智慧旅游导论[M].银川：宁夏人民教育出版社，2020：99.

资源的使用权或部分使用权，在这段时间内，资源的所有权与使用权相分离，所有权仍然在供给方的手中，不过使用权将转移至需求方的手中。所以，这种共享行为伴随着权属关系的变化。当租用期满，权属关系又将再次发生变化，使用权与所有权都将归于供给方。可见，共享经济中渗透并包含着许多商业知识。

5.效果特征——用户体验最佳

在信息时代，由于以各种新型技术为基础，共享经济交易成本较低，能够以十分快速便捷的方式满足消费者的需求。消费者完成消费之后，还能在互联网平台上提交自己的使用感受，这种公开透明的表达方式，也有助于供给方不断改进自身服务，以不断提升用户的体验。

6.文化特征——"不求拥有，但求所用"

共享经济很好地满足了人性中固有的社会化交往、共享和自我实现的需求，更顺应了当前人们环保意识越来越强的潮流。

### （三）发展共享经济的意义

随着共享经济的兴起，共享经济模式从发达的一线城市逐步扩大到全国范围，成为比较"火热"的新型经济模式。对许多企业来讲，共享经济无疑是一个新的商机。而由于共享经济扩大了商品与资源交易的空间，社会中许多产业的发展模式与人们的思维观念也随之发生了重大转变。

1.共享经济扩大了需求者的资源选择范围

在传统的商业模式下，作为市场中的需求者，人们在购买或者租赁物品的时候，只能在有限的范围内，选择有限的商品。在许多情况下，消费者或需求者处于一种被动的、弱势的地位，只能接受商家所提供的商品信息，受到空间的限制，无法扩大自己的选择范围。这就导致在某些情况下，消费者的需求并未得到较大程度的满足，消费质量被降低。

共享经济的出现改变了传统商业模式的弊端，在互联网平台，需求者可以根据自己的需要搜索或发布相关信息，在更加广阔的平台上寻找相应的资源，这明显丰富了需求者的资源选择范围。同时，需求者变被动为主动，反过来给供给者提出了更高的要求，供给者为了自己的资源能够被人"选中"，在内部也会不断优化资源与商品，这就避免了许多无谓的欺诈交易的发生。总之，共享经济给了需求者更广阔的选择空间，也有助于提升他们的交易质量。

2.共享经济改变了传统产业的运行环境

在传统的商业模式下，企业家统筹公司的制造过程，任何产品的制作都需要高度的组织化，各个环节紧密相连。产品完成之后，会被售卖给消费者，而消费者与生产者不同，消费者是分散式的，与组织化的生产完全相反。企业无法以缺乏多样性的生产方式满足不同消费者的个性化需求。

共享经济的出现改变了传统产业的运营环境，提高了消费者的组织化程度，让每个消费者的需求都变得更加精确、精准。"柔性生产"与"准时供给"开始成为普遍的生产方式。从整个社会的供给来看，共享经济减少了社会供给总量，推动了绿色革命。

3.共享经济提高了普罗大众的分享意识

在传统的商业模式下，商品都是以最普通的售卖形式在社会中流通的，商品的所有权与使用权完全归于一人，并不会出现权属关系的转变。久而久之，每个人都会十分注重自己的私人物品所有权，而缺乏分享意识。随着共享经济的发展，共享经济将越来越多的私人物品，在不改变其所有权的基础上，改变权属关系，让更多具有需求的其他人具备商品的使用权，如此一来，极大地提升了商品的使用率。在共享经济的影响下，人们可以将自己不常用的物品出租给其他人，不仅能够获得一定的经济收益，还能给他人带来一些便利，这也在一定程度上扩充了主体的交际圈。更重要的则是，共享经济可以教会人们分享，使分享成为社会交往中的重要活动，久而久之就能够有效提高普罗大众的分享意识。

4.共享经济缓解了城市之中的公共难题

进入21世纪以来，我国经济飞速发展，在这可喜的成绩背后，也不可避免地存在一些城市公共管理方面的难题。社会经济发展水平越来越高，人们的生活条件越来越好，私家车随之增多，而私家车增加到一定的数量后，就会造成交通拥堵。同时，进入大城市务工与定居的人越来越多，城市居民密度大，也引发了生态资源紧张的问题。总之，与资源相关的问题已经成为老生常谈。

共享时代的到来能够有效缓解城市中存在的公共难题。例如，城市间的信息共享、政策协调、人力资源共用，有助于缩小城乡差距，解决区域不平衡的问题。又如，共享自行车和汽车改善了城市的交通，同时减少了尾气排放等。可见，共享经济对缓解城市在发展过程中的压力，助力城市朝着绿色低碳环保可持续的方向发展，具有很强的助推作用。

## 二、旅游业共享经济模式

旅游行业作为与共享经济契合度较高的行业之一，是深受其影响的行业。随着共享经济的产生，旅游行业就一直走在与共享经济结合的前列，共享经济是旅游行业创新转型的一个重要方向。

### （一）旅游业共享经济产生的原因

旅游业与共享经济模式本身具有高度的契合性，除此之外，旅游业共享经济的快速产生与发展的其他原因亦不容忽视。

1.国内游客越来越重视旅游的性价比

自改革开放以来，我国的经济发展水平不断开创新高，人均可支配收入也达到了有史以来的最高水平，这意味着党中央已经带领着我国进入了社会主义新时代。持续增长的经济水平为我国居民进行旅游活动提供了充足的保障。不过，近年来人民群众的消费观有了明显的转变，人们希望用有限的资金进行尽可能高质量的旅行，这就向旅行的模式提出了新的要求。共享型旅游在当下，无疑是性价比较高的。例如，北京地区的居民希望在青藏高原地区完成自驾游，一览祖国高原风光，但是如果完全自驾，则需要耗费近万元的油费与路费。这时，游客就可以选择乘坐火车或飞机到达目的地，在当地选用共享经济——租车，以这种方式大大降低旅行成本。

2.我国互联网技术与移动智能设备取得了迅猛发展

近些年，尤其是 2012 年以来，世界各国都加大了信息技术的研发力度，并取得了极大的进展。在我国，经过多年的努力研发，互联网技术已经走在世界的前列。如今"互联网＋"成为我国重要的发展战略，信息化进程不断加快，信息服务业被列为加快发展的产业，这推动了智能终端的迅速普及，加快了第四代移动通信服务的部署。这不仅极大地丰富了用户的体验，还在不断地改变着人们的生活方式，培养了人们的共享习惯，为闲置资源的共享提供了平台和技术支撑。

3.资源闲置现象有待解决

伴随着社会的快速发展与经济的显著增长，社会中的一些行业则出现了产能过剩的问题，导致资源闲置。同时，有许多居民受网络直播、多重营销的影响，有时会过度消费。这就导致许多居民购买了大量自己用不到的商品，造成了资源的闲置。久而久之，这种资源闲置就成了一种普遍的社会问题。我国是一个人口大国，资源闲置问题如果持续存在，就会产生一系列的连锁反应，造成极其严重的后果。主要的闲置资源为住房、汽车、服务等，而这些恰恰是旅游中游客最为需要的，所以大力推进旅游业共享经济，实现资源的最大化利用，对社会稳定与发展具有重要意义。

### 4.人民群众产权意识的转变

"占有"与"存在"历来是人必须面对和思考的一大命题。随着互联网时代的到来，人们的独占意识开始受到冲击，共享理念逐渐得到强化。在信息社会的不断发展中，人们更倾向于通过交换信息这一行为本身获得快乐，而不是在占有信息这一点上陷入自我满足。

第四消费时代的一个重要变化就是从私人所有到共享意识的转变。这种利他主义意识的增强，促进了"随时使用，何必拥有""所有权不再重要，使用权才最重要"等新兴消费理念的流行，为旅游共享经济奠定了思想基础。

### 5.游客更加重视旅行中的新奇体验感

在21世纪，人们越来越重视旅行中的新奇体验。人们长期生活在高楼林立的城市之中，生活千篇一律，日常生活缺乏新鲜感，而旅行是一项求新求异的活动，是前往陌生的地点，获取新的感受，以愉悦身心的活动。因此，现代的游客更加重视社交体验和真实的经历。以往那些程式化、固定化的旅行套路已经不再受人们的青睐。反之，人们愿意尝试新奇的体验，以满足自己对于个性的追求。例如，年轻的游客喜欢搭车旅行、共享拼车、居住民宿等活动。共享型旅游产品给游客提供了与旅游目的地的居民深入接触和交流的机会，让人们摆脱传统旅游的束缚，进行更有深度的体验活动。

### 6.游客消费理念的转变

在物质化和自我隔离的工业时代，社会化交往及自我价值的实现等精神需求被长期压抑。共享经济借助信息技术赋予人们以社交化的方式进行交流、共享和创造价值的机会。

环保意识、节约意识的增强让人们逐步放弃了对过度消费的追求，更加重视节约资源、创造社会价值。在网络中成长起来的年轻一代有着与其父辈大不相同的消费理念，乐于共享的性格特质使他们成为共享经济的重要推动力量。

除经济利益之外，共享经济还能为消费者带来积极的主观感受和对社会的正面贡献，包括低碳、环保、个人社交需求的满足等。共享经济与环境友好型的生活态度密切相关。有大量消费者认为降低碳排放是共享经济体系吸引他们的原因之一，他们愈加重视资源节约与生态保护，希望能够为共建美好生态环境出一份力。

7.灵活就业的追求

在20世纪之前，人们在工作中就像机器一样，要一直不停地"运转"，而随着时代发展，现代年轻人不再喜欢也不再习惯那种高度紧张、机械式的工作方式，越来越多受过高等教育的年轻群体加入了自由职业者的队伍。有报告称，2019年美国自由职业者已经超过总劳动力的三分之一，我国的自由职业者数量也呈逐年增长的趋势。大量自由职业者有自由的工作时间和生活时间，他们工作与出行的灵活性大大刺激了共享经济的发展。

8.个人信用价值的升级

共享经济的建立与否，与用户的信用评级机制是否完善具有深刻的联系。共享经济的一大隐患是安全问题，因此P2P的共享经济模式高度依赖对个人信用、名声的判断。

在信息时代的共享经济模式下，个人信用变得愈加重要。在此趋势下，拥有个人社交网络信息、个人评价大数据的公司，将会长期受益于共享经济模式的发展。

在共享经济的浪潮之下，类似于"芝麻信用"的个人信用评价体系必将愈加重要。新时代旅游企业的管理者和旅游产业相关部门工作人员，应当把目光放得更长远一些，将个人信用评级与共享旅游经济"捆绑"起来。

## （二）旅游业共享经济的内涵

旅游业共享经济，是基于共享经济发展而成的一种新型旅游业发展模式。旅游共享经济深入贯彻共享理念，践行共享原则，要求从业者把旅游相关的资源全面、动态化地分享给旅游者，改变大量资源闲置的状态，让各种经营性设施与其他设施最大限度地发挥作用。如此一来，不仅有助于资源所有者获取相应的收益，还能降低游客的游玩成本，提升游玩体验，是一种多方共赢的资源分配模式。

共享旅行，作为旅游产业的一种新型发展模式，正在现代技术的推动下，逐渐改变人们的旅行方式和消费观念。依托互联网、大数据、云计算等现代技术，共享旅行不仅实现了旅游资源和信息的共享，还激活并释放了大量闲置资源，带来了旅游产业的根本性变革。共享旅行通过租赁短期民宿、共享出游攻略、拼团友拼租车等方式，使人们的度假需求得到了更加充分的满足。传统的旅游模式通常依赖大规模、标准化的服务，而共享经济则提供了更加个性化、灵活性更高的选择。例如，通过租赁短期民宿，游客可以住在当地居民的家中，体验到更加地道的生活方式；共享出游攻略则可以让游客获取其他旅行者的真实体验信息和建议，避免走弯路；拼团友拼租车则降低了旅行成本，提高了旅行的便捷性和舒适性。共享旅行在很大程度上推动了旅游产业从传统的单一型模式向多层次、复合型模式的转变。传统的旅游产业通常是由旅行社、酒店、景区等单一主体主导的，而共享旅行则允许更多的个人和小型企业参与其中，使旅游服务更加多样化，更为灵活。在这种模式下，旅游者不仅是消费的对象，还是旅游资源的共享者和提供者。例如，游客在旅行结束后，可以将自己的旅行攻略分享给其他人，帮助他们更好地规划行程；本地居民可以将自己闲置的房间出租给游客，增加收入来源。这种双向互动的共享模式，不仅提升了旅游者的旅行体验，还带动了本地经济的发展。共享旅行的实现依赖现代技术的支持。互联网、大数据、云计算等技术的发展，为共享旅行提供了强大的技术保障。通过互联网平台，旅行者可以方便地搜索、预订和分享各种旅游资源和信息；大数据技术则可以分析旅行者的偏好和需求，为其提供个性化的推荐服务；云计算技术则为大量数据的存储和处理提供了高效的解决方案。这些技术的应用，不仅提高了共享旅行的效率和便捷性，还提升了旅游者的满意度和体验感。

此外，共享旅行还促进了旅游产业的重构。传统的旅游模式通常由旅游公司主导，游客被动接受服务，而共享旅行则强调资源和信息的共享，促进了旅游者之间的互动和交流。通过共享平台，游客可以互相交流旅行经验、分享住宿资源、共用旅游设施，这使游客们形成了一个互帮互助的旅游社区。这种模式不仅提高了资源的利用率，还增强了旅游者之间的互动和旅行体验。例如，游客在共享平台上可以结识到志同道合的旅行伙伴，共同规划和分享旅行经历；本地居民则可以通过接待游客，展示本地文化，增加文化交流的机会。共享旅行的本质是以人为中心，通过人们之间的互动和交流，实现资源的共享和利用。平台和桥梁的建立，是共享旅行成功的关键。一旦平台和桥梁被搭建起来，人们之间的交流和互动就会变得非常容易，甚至容易到超出了想象。例如，Airbnb 是一个全球性的短租平台，通过互联网将房东和房客连接起来，为人们提供了共享住宿的机会；旅游攻略分享平台则让旅行者能够在出发前就获取到其他人的真实建议和经验，提高旅行的质量和满意度。

具体来讲，旅游业共享经济的内涵包含以下几个关键点，每一点都不可或缺。

第一，旅游共享的资源或物品只能是旅游地社区居民或其他组织所拥有，并且长期处于闲置状态的，如果资源为人们所长期使用，共享业务的便利性就会大打折扣。要注意的是，旅游企业所建设的专门用于旅游活动，为游客提供服务的饭店、游船等不属于共享资源。

第二，旅游共享资源信息的搜索、上传，以及活动的展开与进行都需要借助互联网平台，都要以网络平台为媒介。例如，游客必须借助互联网提前查找相关信息，而准备提供共享资源的主体也需要在互联网发布消息，以及及时接受游客的预订。旅游地居民直接招徕游客，让游客来使用共享资源的行为不属于共享经济的范畴。

第三，旅游共享经济与一般性的共享经济具有很强的相似性与共通性，最主要的就是旅游共享经济中，资源的所有权也不会发生变化，所有权一直属于其所有者，仅在租用期间将资源的使用权转移给游客，不涉及所有权的交易和转变。

第四，旅游共享经济既要满足游客的需求，又要满足资源所有者的需求，前者的需求在于便利性与经济性，而后者的需求在于经济效益。

第五，旅游共享经济的共享是常态化的，共享性供给和消费行为必须达到一定的规模，方能实现规模效应。

第六，旅游共享经济要受到市场部门的监管。一般情况下，共享经济具有较高的自由性，但是应受到几点原则的限制，如共享产品的定价不可高出产品自身价值过多，不可因旅游目的地的淡季旺季产生过高的价格差等。

### （三）旅游业共享经济的特征

旅游业共享经济是 21 世纪的新型旅游方式，是经济发展到一定程度后出现的新业态，共享经济与传统旅游业有明显的差异，具体来讲，旅游业共享经济主要包含以下特点。

#### 1. 资源社会性

旅游业共享经济，是对资源的分享，能够让更多的游客以较低廉的价格体验特色旅游产品与资源。传统旅游业一般是开发商对所有的资源集中进行管理，在庞大的管理体系中难免会出现资源的浪费或受限情况。共享经济来源广泛，能给游客提供多种选择，这既是对社会资源的充分利用，又是拓宽和丰富社会资源的有效渠道。

2. 网络依赖性

旅游业共享经济依托互联网，需要以信息技术为支撑，以移动智能终端作为主要的工具。在信息时代，网络平台具有强大的推广功能、宣传功能、连接功能等。共享经济依赖互联网平台，在该平台上，人们能够实现对分散的闲置性资源的有效整合与利用，这打破了传统的商业形式，让需求者可以直接在网络上与供给者交流，最终达成交易。这种新的模式也催生了"互联网＋旅游"的新型市场形态。

3. 资源流动性

旅游业共享经济的主旨在于，"不求拥有，只求使用"，只要社会资源能够在特定时间满足旅游者的特定需求，那么它就实现了自身价值。共享的本质就是使用权的转移，随着租用活动，资源发生流动，其使用权由供给者转移至需求方。

4. 活动社交性

旅游业共享经济的交流活动具有很强的社交性。实现一次完整的共享交易活动，需要进行大量的前期询问与准备工作，在使用完成后，人们也需要做出评价或提出反馈。这一系列互动与传统的交易明显不同，在流程中，供给者与需求者双方一直处于沟通和交流的状态，这极大地增强了共享型旅游活动的社交性，有助于构建更加和谐的旅游氛围，实现和谐旅游的发展目标。

5. 成本低廉性

在旅游业共享经济的影响下，旅游服务产品的生产成本被明显降低，这是因为，如果不发展共享经济，许多有价值的资源就无法被利用，只能沦为"废品"。而将它们重新放在社会面，供人们租用，省去了生产新产品的时间与资金，这使旅游产品的成本接近于零。同时，随着互联网技术与可再生能源技术的不断发展，这种趋势将更加明显，共享经济的成本低廉性使其成为促进可持续发展的重要动力源。

## 三、旅游业共享经济案例

目前，国内已经有了不同种类的共享经济旅游模式，这些案例值得人们去学习，并且对旅游业"云数智"转型发展具有一定的借鉴意义。

### （一）共享农庄

共享农庄是一种新兴的农村经济模式，农村居民可以借助互联网、大数据、云计算等现代技术，将农村闲置住房进行个性化改造，开发出市民田园生活、度假养生等多种经营模式，并通过互联网平台对外出租。

共享农庄的第一个特点是"安"，即安心和安全。在共享农庄的模式下，农民的产权归属不变，这确保了农村居民和农村资产的安全。共享农庄平台可以提供信息中介、法律确权、规划设计、改建报批、租赁运维等服务，确保整个流程的透明和安全。这不仅能使农民放心参与，还让城市消费者在使用这些资源时感到安心。安全性是共享农庄模式的基石，只有确保产权和经营的安全，才能吸引到更多的参与者，并维持其长期健康发展。

共享农庄的第二个特点是"居"，即环境宜居。共享农庄在保障集体土地权属不变的前提下，通过村集体和农民提供空间，社会资本或城市居民、企业出资，让多方协力共同改造和提升农村人居环境。这不仅改善了周边的宜居配套设施，还建成了宜居宜营的合作农庄，吸引城市居民或团体前来短租、长租或承包运营。这种合作模式不仅提高了农村的居住环境，还为城市居民提供了一个亲近自然、体验田园生活的机会。

共享农庄的第三个特点是"乐"，即快乐和满足。通过有偿让渡闲置资源的租赁经营权，农民不仅可以获得合理的经济回报，增加收入，还能通过这种模式实现创业梦和田园梦。市民则能通过短租或长租共享农庄，享受田园生活，提升居住品质和生活感受。这种双赢的模式不仅增加了农民的收入和幸福感，还使城市居民能够体验到农村生活的乐趣。

此外，政府通过增加税收，也能从中受益，形成了一种多方共赢的局面。

共享农庄的第四个特点是"业"，即多样化的就业和创业机会。通过创设共享农庄，农民可以在不离开乡土的情况下实现创业和就业。城市资本、管理人员可以有序进入农村投资兴业，由过去单纯的经济利益导向的大规模开发，转变为各方和谐共赢的模式。这种模式不仅有助于农村经济的发展，还为农村劳动力提供了更多的就业机会，减少了农村人口的外流，促进了农村的可持续发展。

共享农庄通过将农村闲置资源进行有效利用，帮助农民增加收入。通过租赁或经营共享农庄，农民可以获得额外的经济回报，提升生活水平。此外，社会资本和城市居民的投资也为农村带来了新的经济增长点，促进了农村经济的发展。共享农庄吸引了城市资本和企业的投资，推动了农村经济的多元化发展。这些投资不仅限于农业领域，还涵盖了旅游、休闲、养生等多个方面，形成了一个综合性的经济体。多元化的投资使农村经济更加稳定和可持续，减少了对单一经济来源的依赖。共享农庄模式促进了农村和城市之间的交流和互动，使社会更加和谐。通过共享农庄，城市居民可以更好地了解和体验农村生活，增进了对农村文化的认同和尊重。同时，农村居民可以通过接待城市游客，扩大社交圈，提升社会参与感。共享农庄通过改善农村的基础设施和居住环境，推动了农村社区建设。通过引入社会资本和企业投资，共享农庄提升了农村的公共服务水平，改善了生活环境。这不仅提高了农村居民的生活质量，还增强了社区的凝聚力和归属感。

共享农庄作为一种新型的农村经济模式，通过互联网、大数据、云计算等现代技术，实现了旅游资源和信息的共享，激活并释放了农村的闲置资源，带来了旅游产业的根本性变革。共享农庄的"四安""居""乐""业"四个要义，不仅提升了农民的收入和生活质量，还为城市居民提供了亲近自然、体验田园生活的机会。共享农庄的模式促进了农村经济、社会和环境的多方面发展，为实现农村的可持续发展提供了新的路径。随着共享农庄模式的不断完善和推广，它将为农村的发展带来更多的机遇和可能。

有关部门高度关注共享农庄的开发与建设，助力共享农庄的构建，与此同时还出台了一系列相关政策与措施，以期促进乡村休闲旅游业的现代化发展。

在顶层设计与建设标准方面：一是强化政策创设。2016 年，中华人民共和国农业农村部会同 14 部门制定印发《关于大力发展休闲农业的指导意见》，明确提出要加强统筹规划、强化规范管理、创新工作机制，推进农业与旅游、教育、文化、健康养生等产业深度融合，将休闲农业产业培育成提升农业、繁荣农村、富裕农民的新兴产业。国务院也印发了《国务院关于促进乡村产业振兴的指导意见》，提出要优化乡村休闲旅游业，建设一批休闲观光园区、乡村民宿、森林人家和康养基地，建设一批休闲农业示范县。二是推动标准的制修订。中华人民共和国农业农村部制定了《休闲农庄建设规范》（NY/T 2366—2013）、《休闲农业术语、符号规范》（NY/T 2857—2015）、《农家乐设施与服务规范》（NY/T 2858—2015）等标准规范，同时指导各地因地制宜制定地方标准，如海南省制定了《海南共享农庄建设规范》，四川省制定了《四川省休闲农业与乡村旅游服务规范》。三是探索新型发展模式。2018 年，文化和旅游部、农业农村部等 17 部门联合印发《关于促进乡村旅游可持续发展的指导意见》，提出要倡导运用连锁式、托管式、共享式、会员制等现代经营管理模式发展乡村旅游，可见，共享农庄模式是国家鼓励促进乡村产业振兴的有效形式。

在用地政策与因地制宜规划方面：一是强化用地统筹。2017 年，自然资源部、发展改革委出台了《关于深入推进农业供给侧结构性改革做好农村产业融合发展用地保障的通知》，提出要发挥土地利用总体规划的引领作用，乡（镇）土地利用总体规划预留不超过 5% 的规划建设用地指标，用于零星分散的单独选址农业设施、乡村旅游设施等的建设。二是创新用地方式。国务院印发《国务院关于促进乡村产业振兴的指导意见》提出，加大对乡村产业发展用地的倾斜支持力度，探索针对乡村产业的省市县联动"点供"用地，支持乡村休闲旅游和产业融合发展。推动制修订相关法律法规，完善配套制度，开展农村集体经营性建设用地入市改革，增加乡村产业用地供给。

在财政金融方面：一是加大资金投入。2018 年，中央财政通过农业生产发展资金安排 108.19 亿元，支持包括共享农庄在内的产业融合和优势特色产业发展，通过延伸农业产业链，提升价值链，拓展农业多种功能。文化和旅游部通过旅游发展基金补助地方项目资金、文化和旅游提升工程中央预算内投资等财政资金，对基础设施、公共服务设施建设等项目予以支持。二是加强信贷支持。2019 年，银保监会印发《关于做好2019 年银行业保险业服务乡村振兴和助力脱贫攻坚工作的通知》，要求银行业金融机构做好针对包括共享农庄在内的各类现代农业主体的金融服务工作，合理开展面向新型农业经营主体的融资租赁和信贷担保业务，下放涉农信贷审批权限，简化涉农业务流程，促进乡村旅游提质升级。文化和旅游部通过与国家开发银行、中国农业银行等金融机构的合作，着力推动金融创新，加大信贷投放。三是创新投入方式。2017 年，财政部联合中华人民共和国农业农村部印发《关于深入推进农业领域政府和社会资本合作的实施意见》，提出在农业绿色发展、现代农业产业园、田园综合体等领域要优化财政资金投入方式，探索推广政府和社会资本合作模式。

### （二）共享出行

在当今数字技术迅速发展的背景下，共享经济模式的影响力已经逐渐渗透到各个行业，尤其旅游业中。共享出行作为共享经济的重要组成部分，正在重新定义旅游交通的概念。它通过为人们提供更为灵活、经济和环保的出行选择，极大地丰富了人们的旅游体验，同时为旅游目的地的交通管理和环境保护带来了新的思路和解决方案。不论是共享汽车、电动自行车还是滑板车，这些共享出行工具不仅为人们提供了便利，还促进了旅游地公共空间的有效利用和交通拥堵的缓解。此外，共享出行还增强了游客的旅游体验，使之更加个性化和有灵活性，游客能够根据个人需求和兴趣自主安排行程，享受更自由的旅行方式。

## 1. 打车

打车应用的基本模式如下。出租车司机和用户同时安装打车软件，用户在软件端向平台发出用车路线的需求，平台向出租车司机播报不同用户的路线需求，出租车司机进行"抢单"，用户在到达目的地后，利用手机向司机进行支付。这一流程十分简便，并在实际使用中，解决了传统乘客与司机存在的三大痛点：叫车、乘车和付款。首先，叫车问题。传统打车方式中，乘客只能在目光所及的范围内招手叫车，叫车成功率较低。在繁忙时段或偏远地区，乘客常常需要等待很长时间才能找到空车。而打车应用通过 GPS 定位功能，可以准确地将乘客的位置和需求传达给附近的出租车司机，提高了叫车的成功率。然而，打车应用仍有改进空间，如可以增加预定功能，让乘客提前预约车辆，减少等待时间。其次，乘车过程中的问题。在传统打车过程中，乘客难以自主选择路线，往往只能依赖司机的决定，甚至有时会出现司机绕路的情况，增加了乘客的出行成本。打车应用可以通过导航功能和实时路线规划，为乘客提供最佳路线选择，减少绕路的可能性。同时，乘客可以通过应用实时监控路线，及时与司机沟通，确保按预定路线行驶。这不仅提升了乘客的体验，还增加了出行的透明度和安全性。最后，付款问题。传统打车付款多是纸币，但纸币付款存在找零不便和遇到假币的风险。随着移动支付的发展，打车应用集成了多种支付方式，如支付宝、微信支付和信用卡支付等，极大地方便了乘客。移动支付不仅快速便捷，还避免了找零和假币问题，提高了交易的安全性和效率。此外，打车应用还可以提供电子发票，方便乘客进行报销和记录。

出租车打车应用的出现，主要解决了司机的以下三个痛点。在叫车环节，路线请求由附近的用户发起，可以帮助司机发现周围的乘客，同时允许司机选择自己希望的路线，降低司机的空驶率；在乘车环节，打车应用可以为司机提供最优的路径规划，避免争议；在付款环节，打车应用可以以移动支付代替纸币，提高效率。同时，叫车平台还提供了乘客加价功能，在高峰期利用价格来对供求进行调整。而乘客的加价则全部归司机所有。这些对司机而言，吸引力巨大，可以帮助他们在单位时间内搭乘更多的乘客，以提高自身的收入。

综上所述，打车应用虽然在一定程度上解决了传统打车方式中的一些问题，但仍有改进的空间。进一步优化叫车流程、提升乘车体验和完善支付系统，可以使打车应用更加便捷和高效，满足用户的需求和期望。在未来，随着技术的不断进步和应用的普及，打车应用将为人们的出行带来更多的便利。

2.专车或快车

专车或快车服务作为现代出行方式的一种创新，与传统出租车服务在模式和体验上有诸多相似之处，但也有显著的区别。使用专车或快车服务时，乘客通过智能移动终端发出用车需求，需求进入大数据平台后，周边的司机会收到推送，或司机通过搜索发现订单。但车辆的供给方不是出租车公司，而是独立的私家车车主。这些私家车主可以申请提供专车或快车服务，申请通过后便可以利用自己的车辆运营。虽然快车服务在某些地区存在合法性争议，但这并未阻碍其在全球范围内的普及和流行。

对供给方来说，私家车车主利用闲暇时间经营专车服务，一方面提高了自身收入，另一方面也填补了市场上的出行需求空缺。各个专车平台根据私家车车型的不同设置了不同的收费标准：大众化的家庭车型价格略低于出租车，而高端车型和商务车型的价格则大幅高于出租车。这种多样化的定价策略不仅吸引了不同消费层次的乘客，还使私家车车主可以根据自己的车辆类型和时间灵活地参与市场运营。

对于需求方，即乘客而言，专车或快车服务为其提供了多种选择和便利。一方面，专车的价格有时低于出租车，这使一些乘客可以节省出行的开销。专车服务的成本通常低于拥有和维护一辆私家车的成本，这对那些不需要经常用车的人来说，是一种更加经济的选择。另一方面，当乘客有更高的需求时，他们可以选择付出更高的价格使用豪华车型，获得比出租车更优质的乘车体验。这种灵活性使专车的不或快车服务能够满足不同乘客的多样化需求。

在支付方式上，专车服务主要依靠移动支付平台进行划款，乘客无须携带现金。这不仅节省了乘客和司机的时间，还降低了现金交易带来的风险。移动支付的便捷性和安全性是专车服务受到欢迎的一个重要原因，特别是在现金交易不便或者不安全的地区。

专车或快车服务的出现，使原有的单一而标准的出租车服务变为多层次的服务体系。追求价格便宜的乘客可以选择低价车型，而追求高品质服务的乘客则可以选择高端车型或商务车型。这样的服务分层不仅提升了乘客的出行体验，还推动了整个出行行业的进步和发展。

这种多样化的服务模式还促进了市场竞争，激励专车平台不断改进服务质量，进行技术创新。例如，一些平台提供了更多功能，如实时路线规划、精准定位、乘车分享等，进一步提升了用户体验。此外，专车服务平台还通过大数据分析，不断优化调度算法，提高车辆利用率和乘客满意度。

专车或快车服务的普及也带来了新的就业机会和收入来源。对于许多私家车车主来说，利用闲暇时间运营专车不仅增加了他们的收入，还为他们提供了一种灵活的工作方式。这对于那些需要兼顾家庭或其他工作的人员尤其重要。同时，专车服务平台的兴起带动了相关产业的发展，如汽车维修保养、车载设备制造等。

3. 顺风车

顺风车作为一种创新的出行方式，能够有效提高车辆上座率，明显降低道路拥挤的概率。特别是在自助游盛行的国外，顺风车已经成为一种普遍的出行选择。顺风车搭乘需要为乘客和车主提供一定的保障机制。对于车主而言，搭载陌生人可能带来一定的不安全感；而对于乘客而言，搭乘陌生人的车辆同样需要保障。为了解决这些问题，一个可靠的中介平台至关重要。这个平台不仅要保障乘客和车主的安全，还要保证交易的便利性。顺风车的出行方式虽然出现时间比滴滴打车、Uber等专车模式稍晚，但其模式独特之处在于可以整合线下私家车的空置座位，解决了人们郊游外出的问题。顺风车通过共享空闲座位，不仅提升了车辆的使用效率，还在一定程度上缓解了城市交通压力。在欧美国家，顺风车通常是中长途旅行时的出行选择。这种方式的灵活性较高，乘客可以在路边招手即上，车主则可以在顺路的情况下搭载乘客。这种灵活的出行方式不仅方便了乘客，还为车主带来了额外的收入。然而，由于这种搭乘方式涉及陌生人之间的互动，信任问题显得尤为重要。顺风车不仅在国外很流行，还在国内逐渐受到欢迎。特别是去城市周边郊游或短途旅行时，顺风车就成了一种经济实惠的选择。相比于专车服务，顺风车的价格通常较低，因为车主并不以盈利为主要目的，而是希望通过搭载顺路乘客来分担部分油费和过路费。这种互惠互利的模式，使顺风车成为一种受欢迎的出行方式。顺风车服务不仅带来了经济上的好处，还具有一定的社会价值。人们共享空闲座位，减少了单车出行的数量，缓解了交通压力，减少了碳排放，有助于环境的保护。此外，顺风车还促进了社会互动，乘客和车主可以在旅途中进行沟通和交流。

### 4. P2P 租车

P2P 租车与传统的租车活动有所不同，P2P 租车是为私家车车主提供平台，帮助他们将自己有意出租的闲置车辆放在租车平台，进行统一定价租车的租车模式。如今越来越多的年轻人喜欢到偏远地区游玩，他们更加喜欢越野这种游玩模式。但是多数人缺少的就是一辆能够越野的高性能汽车，P2P 租车平台可以满足游客的需求。在 P2P 平台上，有各种各样的汽车可供游客选择，他们到达目的地之后，可以开走事先在网上预订好的汽车，付款也只需要在租车结束之后完成。

# 第二节　定制化模式

## 一、定制

如今，定制化旅游模式已经成为一种新的发展趋势，在谈论定制化旅游之前，先要了解什么是定制。

定制一词起源于英国伦敦市的萨维尔街，当时定制（bespoke）专门指为尊贵的客人提供的服装定制服务，历史上许多名人都曾来此有过定制服装的经历。随着时代发展，人类社会进入工业化时代，一切生活物品的生产都转变为机械化形式，曾经的定制经济便逐渐消失了。久而久之，人们似乎已经淡忘了定制，取而代之的是大量同质化的商品。这虽然给人们的生活带来了方便，提升了社会的生产效率，但是，没有定制的存在，也就意味着多数产品是没有"灵魂"的。

20 世纪 90 年代，随着商品经济的进一步发展，社会对定制消费的需求重新抬头，尤其是在部分发达国家，定制活动开始快速复苏和发展。现代的定制化服务，指按照消费者的个性化需求，为他们提供满足需求的相应服务，定制服务比一般的劳动具有更高的技术性。

如今，定制已经在世界范围内广泛发展起来，早期只是服装定制，现在的定制服务已经涉及绝大多数的行业和领域，包括定制旅游、定制服装、定制皮鞋、定制茶、定制酒、定制家具、定制钻戒等。

总之，正是由于网络技术的快速发展，人与人之间、国与国之间的联系更为紧密；信息化生产技术使生产变得极大繁荣。这导致社会上的商品变得极大丰富，在许多领域存在供大于求的情况。行业竞争压力巨大，寻求差异化竞争就被迫成为企业生存发展的主旨，进而促进了定制经济的发展，使之成了一种全新的经济发展模式。

## 二、定制旅游模式

在信息时代，随着旅游产业的不断发展，人们的旅游频次不断增加，旅游深度持续加深，人们对旅游活动有了更高的要求。在人们越来越高的要求下，旅游产业也正在结合互联网技术进行转型，定制旅游以其高端性、定制性、特殊性、体验性等特征俘获了大批游客的"芳心"，开辟了广阔的市场，成为旅游市场中的一匹"黑马"。

### （一）定制旅游的定义

定制旅游（customer-designed），指完全为旅游者量身打造的，一人或一个小型团体成团，配有专车、专导的旅途活动。在定制旅游中，游客可以任意安排自己的时间，尝试任何自己喜好的事物，如居住自己喜欢的酒店，乘坐自己喜欢的车辆等。总之，定制旅游是一切以定制者（游客）为中心，以满足其需求的现代化旅游活动。

此外，也有学者从广义与狭义的层面对定制旅游的定义做出过更为详细的界定。从广义上说，定制旅游指市场中所有非标准的旅游产品，也就是需求导向型产品，在这样的旅游活动中，游客可以预先提出自己的需求与设想，由旅游公司根据实际情况去满足游客的需求。从狭义上说，定制旅游是定制旅游企业或私人旅行顾问针对消费者的个性化需求和体验目标制订旅游方案，并提供相关服务的一种旅游形式。

综合以上几种观点可以发现，虽然不同学者对定制旅游的界定稍有差异，但是各定义所包含的要素或核心是一致的，均强调定制旅游中应以旅游者为中心，要求给旅游者以极高的自由性与尊贵性。这就需要旅游业的专业人员具备扎实的专业功底，要在旅游开始之前对旅游活动的一切信息了如指掌，包括方案策划、路线制订、路书制作、机票订购等，当然，与旅游者的充分沟通也是必不可少的。

定制旅游与常规旅游存在如下区别。常规旅游，是以降低成本为基础，以牺牲个性、放大共性为主要特征的同质化、流程化的模式，主要是为了完成旅游公司的任务与目标。定制旅游，是在精准的目标人群细分、兴趣细分、需求细分的基础上，遵循以客户为中心的原则而开展的旅游活动。在整个旅游过程中，游客会享受到充分的尊贵感与自由度。

### （二）定制旅游的特点

定制旅游，作为新兴的旅游模式，具有极高的商业价值与内在潜力，对丰富旅游产品，带动社会经济发展，具有十分重要的意义。相较于传统旅游，定制旅游具有如下特点。

1. 服务全面化

在定制旅游中，旅游公司要时刻着眼于顾客的需求，尽自己最大努力满足顾客需要，与顾客形成长期而稳定的服务关系。例如，在设计旅游路线时，工作人员为了让顾客满意，需要在路线设计之前就"做足功课"，工作人员要实地考察，亲自走一遍流程，大致了解旅游路线上可能遇到的情况，只有这样，才能够在旅行过程中给顾客提供更加全面的服务，才能让顾客真正地享受旅游。又如，在旅途之中，工作人员也要时刻与顾客保持交流，满足顾客的需求，要做到"衣食住行，面面俱到"，即使是旅行结束后，也需要进行跟踪调研与回访，以获得真实的反馈。

2. 定位精准化

定制旅游，要求把用户的个性化需求作为重点，这是其根本定位，每一位定制旅游的从业人员都要将定位了解清楚，从而更大限度地满足用户的需要。

3. 产品模块化

实现定制旅游的最佳方法就是建立能配置多种最终产品和服务的模

块，定制虽然代表着个性化与多样性，但它并不意味着用户可以无限选择、随意选择，而是提供适当数量的标准件，再将这些具体的标准件进行搭配，搭配完成之后，如果有其他的特殊需要，双方再进行协商。产品模块化后而产生的多种独特产品，可以既给用户以无限选择的畅快体验，又让复杂烦琐的制造程序得到精准有效的管理。

4. 参与深入化

在传统的跟团游中，游客只是跟着导游走马观花地转一转、玩一玩，缺乏深入了解与体验。我国疆域辽阔，当游客跟随导游前往具有民族特色的少数民族风情区时，导游总会对游客做出各种限制，游客无法与民族同胞深入交流、广泛互动，可见传统旅游的方式参与感不够强。而定制旅游改变了这种传统模式，注重游客的体验感，提倡深度游，这大幅提升了游客的参与度，使游客能真正体验到旅游的快乐。

**（三）定制旅游的发展与概况**

定制旅游的产生不是偶然，而是基于互联网等信息技术而兴起的。进入 21 世纪，世界范围内的各领域都借助互联网这一条"快车道"实现了突破式发展，五花八门的新创意层出不穷。例如，2015 年我国旅游市场总交易规模大约在 41 300 亿元，其中在线市场交易规模高达 5 402.9 亿元，占总交易规模的 13.1%，这意味着从 2015 年开始，我国的网络定制旅游已经有了一定的规模。"在定制旅游的实施中，企业必须着眼于顾客终身价值服务，最大限度地提供满足客户要求的服务方式，形成与旅游者长期而稳定的服务关系。"[①]

1. 定制旅游的发展阶段

从宏观层面来看，我国的定制旅游发展大致可以分为四个阶段。

---

① 吴国清，申军波，冷少妃，等. 智慧旅游发展与管理 [M]. 上海：上海人民出版社，2017：227.

第一阶段（20世纪90年代至21世纪初）：这一时期是中国定制旅游的初步发展期，这时我国初步享受到了改革开放的成果，经济情况有了明显的提升，但是旅游市场的发展仍然存在明显的不足。同时，人们普遍缺乏旅游经验，交通与通信不够发达，跟团游仍占据主力。

第二阶段（21世纪初至2013年）：这一时期国内旅游业发展极为迅速，借助互联网快速发展的优势，越来越多的人开始关注旅游活动，其中有大批高端消费人士乐于选择高端游，也就是定制旅游。不过，这时我国的定制旅游仍处于摸索阶段，旅游品牌较少，可供游客选择的数量也很少。比较著名的品牌有携程旗下的高端定制品牌鸿鹄逸游，大众旅游定制品牌的无二之旅等。

第三阶段（2013年至2016年）：这一时期休闲旅游快速发展，不过由于经济快速发展，市场上对于旅游的需求量很大，绝大多数的休闲度假旅游都存在行程紧张或自由度低的缺点。同时，由于移动智能终端刚刚普及，许多人不能熟练运用旅游相关的软件与应用，这就导致一些定制旅游的宣传信息无法真正打开推广面，受众不够广泛。所以，这一时期的定制旅游虽然在持续发展，但仍然受客观条件的限制。

第四阶段（2016年至今）：这一时期是定制旅游的爆发期与繁荣期。第一，国内经济已经发展到较高水平，给旅游行业的发展与转型提供了坚实的经济基础与物质保障；第二，科技发展，移动智能终端变得十分普及，人们对于旅游软件和应用的使用熟练程度明显提升，这就使人们接触定制旅游的机会逐渐增多；第三，无论是受国外定制旅游的影响，还是由于自身消费观念的转变，人们对于旅游的看法有了明显的变化，人们更愿意以定制旅游丰富自己的生活，提升自己的生活品质。

2.定制旅游的当前概况

目前，我国的定制旅游事业随着人们不断提高的生活水平而持续发展，跟团游已经不再是旅游业的唯一发展方向，定制旅游也在纷繁复杂的竞争中占据了一席之地，已经有越来越多的游客愿意选择定制旅游。

2019 年，我国召开了定制旅行研究成果发布会，会议上中国旅游研究院发布了《中国定制旅行发展报告（2019）》，还有多个旅游机构介绍了各自的定制旅游服务发展的具体情况。数据显示，定制旅游的主导者定制师的收入大幅增长，一般的定制师已经可以月入万元，优质定制师甚至可以获得每月 3 到 4 万元的收入。会议还表示，目前我国的定制旅行事业具有许多突出的优点，如能够有效应对突发情况，能够自由变动行程，能够让游客获得更加深度的体验等。这都意味着定制旅游具有极大的发展潜能。

通过对目前我国定制旅游发展情况的分析，笔者认为定制旅游之所以能够取得如今的发展，与以下几点原因是分不开的。想要在未来实现定制旅游的进一步发展，有关部门应当对以下几方面提起重视，并继续发展。

首先，国内旅游市场逐渐成熟完善。在 21 世纪之前，旅游业尚未在信息领域拓展，人们对线上旅游更是闻所未闻。人们想旅游，只能提前买好地图，边玩边问，一路上免不了会走一些弯路或错路。如今，传统旅行方式已经不是人们的首选，旅行之前人们都会运用移动智能终端提前查询与旅游目的地相关的各种信息，真正做到"有备无患"。在旅行前，游客可以通过软件或应用查询旅游目的地的实时讯息，以及周边的配套信息，如住宿条件、旅游服务情况等。总之，如今我国的旅游市场已经非常完善，在计算机领域已经形成庞大的"旅游信息网"，这给人们的旅游提供了很大的便利，更为游客的定制旅游提供了充足的选择。

其次，对于普通人而言，旅游的方式往往是自由行或跟团游，两种方式各有其优势，价格上也比较便宜。但是随着我国居民人均可支配收入的不断提高，越来越多的人开始注重旅游的品质，他们具有定制旅游的消费能力，这激发了定制旅游市场的发展潜力。因此，越来越多的游客希望选择定制旅游，以获得更有深度、更舒适、更全面的旅行体验。

最后，当代社会是快速发展的多元化社会，具有极强的包容性与多样性，这两个特点在社会的各个领域都有所体现，如教育界提倡全面发展、艺术界提倡多元审美等。在这样的大背景之下，人们的思想追求对比以往发生了明显的转变，人们更加注重个性，推崇特立独行，也就是要与别人不一样，这种风潮在当代年轻群体中十分普遍。而定制旅游就是彰显个人独特性的一种方式，定制旅游可以根据游客的个性化需求来制订整套旅行方案，由于每个人的需求与偏好都有所不同，因此旅行方案也因人而异。因此，许多人偏爱这种个性化的旅行方式。

### （四）定制旅游面对的挑战

我国的定制旅游取得喜人成绩的背后，也存在着一些不容忽视的问题，并且这些问题也是定制旅游继续发展所要面临的挑战。

1.部分消费者对于定制旅游存在片面的认知

定制旅游虽然已经有了一定的规模，相关的公司和企业越来越多，但归根结底，这种旅游模式从产生至今也仅仅存在了30余年，况且在前20年我国的定制旅游基本处于缓慢发展的阶段。这就使定制旅游对于我国的许多人而言仍然是一个新鲜事物，许多人在面临新鲜事物的时候，往往会采取猜测或观望的态度。"国内的大部分旅游者对于定制旅游没有很好的认识，甚至并不知道定制旅游市场的存在。他们对于定制旅游并没有一个清晰的概念，不知道定制旅游是用来做什么的。"[1] 甚至有些消费者认为，定制旅游性价比很低，无非就是请一个高级一点的导游带着自己去那些任何人都可以去的景区而已。可见，部分消费者对于定制旅游的片面性看法，必将对定制旅游的进一步发展产生一定程度的阻碍。

2.部分定制旅游产品稍显单调与乏味

定制旅游之所以以"定制"二字来命名，就是因为其应当具有充分

---

[1] 陈晓鹏.定制旅游在我国的发展现状，问题及对策分析[J].商业故事,2018（18）:139.

的独特性,每一个旅游者的旅游路线都应该十分独特,并且有一定的创新性。然而,个别的旅游定制公司在这一点上所做的努力却并不尽如人意。例如,有些旅游定制公司打着"个性化旅游"的旗号,却并未为游客全心全意定制个性化的旅游方案,还有些公司实际带领游客所体验的游玩项目与预定的项目有偏差,等等。这就导致一些定制旅游活动没有显现出定制旅游的特色与优势,反而与传统旅游没有太明显的区别。

3.部分定制旅游从业者专业程度不足

作为一种新型的旅游方式,定制旅游整体活动的各个环节都应当比较新颖,而这些环节与活动的创新十分考验从业人员的专业化程度。如果定制旅游从业者专业化程度较高,就能够为游客带来良好的旅游体验,让游客感受到此前的旅游活动中从未有过的享受。但如果从业者缺乏专业知识,那么他们很可能会在定制旅游的活动中引发各种各样的问题。例如,前期计划不足导致部分方案作废,沟通交流能力不足导致与消费者发生摩擦,等等。总之,定制旅游从业者是服务于高端旅游的专业人员,只有具备充足的专业技术知识,才能够真正胜任这一份工作。但是社会中有少数定制旅游从业者,其专业化程度明显不足,他们难以根据实际情况灵活准确地调整旅游方案,无法给游客带来宾至如归的感受。这就在一定程度上制约了定制旅游服务水平的提升。

4.定制旅游线上技术有待完善

在智慧旅游的背景下,发达的网络技术能够促进旅游业实现更快更好的发展,许多定制旅游企业运用网络技术创建了许多规模较大的在线旅游网站。但是也有部分企业相关技术尚不完善,存在明显的网络技术问题。例如,部分网站的在线咨询反应很慢,无法快速回复信息,或者还需要排队等候,这在快节奏的当代社会,无疑会降低受众的使用积极性。又如,有些用户暂时并不想下单,只是想了解一些关于定制旅游的知识,可是网站却有强制要求,让用户必须填写自己的个人信息,这也会使许多人反感。总之，定制旅游的线上技术还有待完善，尤其是网站建设层面，需要相关领域的专业人员进行更加深入的改造。

# 第三节　智慧旅游模式

## 一、智慧旅游的定义与发展

智慧旅游，也被称为智能旅游。就是利用云计算、物联网等新技术，通过互联网或移动互联网，借助便携的终端上网设备，及时发布旅游资源、旅游经济、旅游活动、游客等方面的信息，让人们能够及时了解这些信息，并及时安排和调整工作与旅游计划，从而达到各类旅游信息的智能感知和便捷利用。智慧旅游的建设与发展最终将体现在旅游管理、旅游服务和旅游营销三个层面上。

### （一）智慧旅游的定义

"智慧旅游"是一个全新的命题，指借助物联网、云计算、下一代通信网络、高性能信息处理、智能数据挖掘等技术，实现旅游体验、产业发展和行政管理的系统化整合和深度开发激活。这一新型旅游形态，旨在服务于公众、企业和政府，面向未来，注重游客的互动体验和产业的创新升级。

智慧旅游以融合的通信与信息技术为基础，以游客互动体验为中心，并通过一体化的行业信息管理保障自身运行。其核心特点是利用移动云计算、互联网等新技术，通过便携的终端设备，让游客主动感知旅游相关信息，并及时安排和调整旅游计划。简单来说，智慧旅游能让游客与网络实时互动，使游程安排进入触摸时代。这不仅提高了游客的体验，还推动了旅游产业的转型和升级。

智慧旅游的建设与发展最终体现在旅游管理、旅游服务和旅游营销三个层面上。在旅游管理方面，智慧旅游利用信息化技术将旅游资源进行整合，提供了高效的管理工具。例如，通过数据分析和智能数据挖掘，管理者可以实时监测游客流量、分析游客行为、预测旅游趋势，从而做出科学的管理决策。这种信息化管理方式，不仅提高了管理效率，还增强了管理者应对突发事件的能力。

在旅游服务方面，智慧旅游注重提升游客的互动体验。通过智能导览、虚拟现实和增强现实技术，游客可以获得沉浸式的旅游体验。例如，游客可以通过手机应用或智能眼镜获取景点的详细信息、历史背景、文化故事，甚至可以参与互动游戏，这些都增加了旅游的趣味性。此外，智慧旅游还能提供个性化的服务推荐，根据游客的兴趣和需求，推送定制化的旅游产品和服务，提升游客的满意度和忠诚度。

在旅游营销方面，智慧旅游利用大数据和精准营销技术，提高了旅游产品的推广效果。通过对游客数据的分析，旅游企业可以了解到游客的偏好和需求，制订精准的营销策略。例如，通过社交媒体平台和电子邮件推送定制化的旅游套餐、优惠信息等，吸引潜在游客，提高转化率。此外，智慧旅游还可以通过建立在线预订系统、电子票务系统等，简化游客的预订流程，提高便利性和效率。

智慧旅游不仅改变了游客的旅游体验，还推动了旅游产业的创新和升级。通过信息化技术的应用，旅游企业可以提高运营效率，降低成本，增加收入。例如，智能化的客房管理系统可以实现自动化的入住登记、房间管理和服务调度，提高服务质量和效率；智能化的景区管理系统可以实现对游客流量的实时监测和分流管理，减少拥堵，提升游客的游览体验。此外，智慧旅游还推动了旅游产品的多样化和高端化发展，例如，提供定制化的高端旅游套餐、沉浸式的文化体验等，满足不同游客的需求。

2012年，澳门接待了1 000多万内地游客，其信息平台能够详细体现各省的具体人数及排名，帮助管理者了解游客来源和行为信息。这种精准的数据分析，不仅提高了管理效率，还为旅游产品的开发提供了依据。然而，在国内，许多旅游城市每年接待的游客数量远高于澳门，但由于缺乏系统化的数据分析和信息管理，这些城市难以清楚地了解游客的来源和需求，导致旅游产品的开发缺乏针对性。通过智慧旅游的信息化技术，旅游城市可以实现对游客数据的精准分析，了解客源地构成情况、游客指向及发展趋势，从而开发出具有针对性的旅游产品。例如，通过对游客数据的分析，人们可以发现某一地区的游客对特定类型的旅游产品有较高的需求，从而有针对性地开发和推广这类产品，提高市场竞争力和游客满意度。

## （二）智慧旅游的发展

江苏省镇江市于 2010 年在全国率先创造性地提出了"智慧旅游"的概念，开展"智慧旅游"项目建设，开辟"感知镇江、智慧旅游"新时空。智慧旅游的核心技术之一"感动芯"技术在镇江市研发成功，并在北京奥运会、上海世博会上得到应用。中国标准化委员会批准"无线传感自组网技术规范标准"由镇江市拟定，使镇江市在此类技术的研发、生产、应用和标准制定方面在全国处于领先地位，为智慧旅游项目建设提供了专业技术支撑。在 2010 年第六届海峡旅游博览会上，福建省旅游局率先提出建设"智能旅游"概念，并在网上建立起"海峡智能旅游参建单位管理系统"。福建启动了"智能旅游"的先导工程——"三个一"工程建设，即一网（海峡旅游网上超市），一卡（海峡旅游卡，包括银行联名卡、休闲储值卡、手机二维码的"飞信卡"，以及衍生的目的地专项卡等），一线（海峡旅游呼叫中心，包括公益服务热线和商务资讯增值预订服务热线）。海峡旅游银行卡在 2010 年已面向福建省内外游客发行；海峡旅游呼叫中心新平台 2011 年 1 月 1 日已经正式开通试运行。

2011 年 4 月 13 日下午，在南京"智慧旅游"建设启动仪式上，南京市旅游园林局表示：面对越来越大的体量和越来越多的旅游产品，越来越高的需求水准和越来越激烈的市场竞争，要想把旅游产业做强，使旅游产业快速健康发展，就必须依靠现代科技的力量，采用一种低成本、高效率的联合服务模式，用网络把涉及旅游的各个要素联系起来，从而为游客提供智慧化的旅游服务，为管理部门提供智能化的管理手段，为旅游企业提供更高效的营销平台和广阔的客源市场。南京此次启动"智慧旅游"建设，突出重点，着眼于为来宁游客提供更便捷、智能化的旅游体验，为政府管理提供更高效、智能化的信息平台，促进旅游资源活化为旅游产品、放大资源效益这三大核心目标，采用"政府主导、多方参与、市场化运作"的运作模式，联合社会各方优势资源共同推进"智慧旅游"建设。这正是顺应了现代旅游业发展的要求和趋势。

2011年9月27日，苏州"智慧旅游"新闻发布会正式召开。苏州市旅游局正式面向游客打造以智能导游为核心功能的"智慧旅游"服务，通过与国内智能导游领域领先的苏州海客科技公司进行充分合作，将其"玩伴手机智能导游"引入"智慧旅游"，大幅提升来苏游客的服务品质，让更多游客感受到"贴身服务"的旅游新体验，为提升苏州整体旅游服务水平打下了良好的基础。

2011年黄山旅游局开始建立智慧旅游综合调度中心，中心主要由"旅游综合服务平台"和"旅游电子商务平台"（途马网）构成，具有"管理、服务、展示、经营"四大功能。

2011年11月，洛阳旅游体验网、洛阳旅游资讯版、洛阳旅游政务版以及相应的英、日、法、俄、韩、德等6个语种的外文版旅游网站建成了。2011年，在牡丹文化节期间，洛阳市旅游局还与洛阳移动公司联合推出了电子门票，开通新浪洛阳市旅游局官方微博，打造了立体交叉的互联网、物联网旅游服务体系，这在吸引游客方面作用明显，初步打造出了"智慧旅游"的基础设施，并且今后将在现有的基础上进一步提升"智慧旅游"服务内容。

2012年初，南京旅游局全力推进"智慧旅游"项目建设，项目分为六个部分，项目建成后，凡是使用智能手机的游客，来南京后都会收到一条欢迎短信。游客根据短信上的网址，可下载"游客助手"平台，该平台分为资讯、线路、景区、导航、休闲、餐饮、购物、交通、酒店等九大板块，集合了最新的旅游信息、景区介绍和活动信息、自驾游线路、商家促销活动、实时路况、火车票出售等方面的信息。安装后，人们可以根据个人需要进行在线查询、预订等。南京玄武区旅游局与海客科技公司合作，全力建设本区内著名旅游景点的手机端智慧旅游平台。2015年4月4日，黄山市强化"智慧旅游"营销方案。

## 二、智慧旅游的体现与功能

智慧旅游作为现代旅游产业的新型发展模式，充分利用了物联网、云计算、下一代通信网络、高性能信息处理和智能数据挖掘等技术，实现了旅游体验、产业发展和行政管理的全面升级。

### （一）智慧旅游的具体体现

智慧旅游的核心在于通过信息技术提升旅游服务、管理和营销的智慧化水平，从而实现旅游资源和信息资源的高度系统化整合和深度开发激活。本节将围绕智慧旅游的三大核心方面，即"旅游服务的智慧""旅游管理的智慧"和"旅游营销的智慧"展开论述。

智慧旅游在"旅游服务的智慧"方面有显著体现。智慧旅游从游客的需求出发，通过对信息技术的应用，全面提升旅游体验和旅游品质。在现代旅游中，游客希望能够方便快捷地获取旅游信息，制订详细的旅游计划，并在整个旅游过程中享受到高效便捷的服务。智慧旅游通过科学的信息组织和呈现形式，让游客可以轻松获取旅游景点、住宿、交通、餐饮等各方面的信息，帮助他们更好地安排旅游计划并做出旅游决策。

由于物联网、无线技术、定位和监控技术的应用，智慧旅游实现了信息的实时传递和交换，使游客的旅游过程更加顺畅。这不仅提升了旅游的舒适度和满意度，还为游客提供了更好的旅游安全保障和旅游品质保障。通过智能导览系统，游客可以随时获取景点的详细介绍和路线指引，避免了迷路的困扰；通过实时监控系统，管理者可以及时发现并处理突发事件，确保游客的安全。此外，智慧旅游还推动了传统旅游消费方式向现代旅游消费方式的转变，引导游客形成新的旅游习惯，创造新的旅游文化。

在"旅游管理的智慧"方面，智慧旅游实现了传统旅游管理方式向现代管理方式的转变。信息技术的广泛应用，使管理者能够及时准确地掌握游客的旅游活动信息和旅游企业的经营信息，实现从被动处理、事后管理向过程管理和实时管理的转变。通过与公安、交通、工商、卫生、质检等部门的信息共享和协作联动，智慧旅游建立了旅游预测预警机制，提高了人们的应急管理能力，保障了旅游安全。

智慧旅游依托信息技术，可以主动获取游客信息，形成游客数据积累和分析体系，全面了解游客的需求变化、意见建议以及旅游企业的相关信息，从而实现科学决策和科学管理。例如，通过分析游客的行为数据，管理者可以预测旅游高峰期，提前采取措施疏导人流，避免景区过度拥挤；通过收集和分析游客的反馈意见，管理者可以及时改进服务，提升游客满意度。此外，智慧旅游还鼓励和支持旅游企业广泛运用信息技术，改善经营流程，提高管理水平，提升产品和服务的竞争力。旅游企业通过应用大数据分析，可以更好地了解市场需求，开发出更符合游客需求的旅游产品，通过智能化管理系统，还可以优化资源配置，提高运营效率。智慧旅游通过高效整合旅游资源，增强了游客、旅游资源、旅游企业和旅游主管部门之间的互动，推动了旅游产业的整体发展。

在"旅游营销的智慧"方面，智慧旅游通过旅游舆情监控和数据分析，深入挖掘旅游热点和游客兴趣点，引导旅游企业策划相应的旅游产品，制订对应的营销主题，推动了旅游产品和营销的创新。通过量化分析和判断营销渠道，智慧旅游能够筛选出效果显著、可以长期合作的营销渠道，提高了营销的精准性和效率。智慧旅游充分利用了新媒体的传播特性，吸引游客主动参与旅游的传播和营销。游客在旅游过程中，通过社交媒体分享自己的旅游体验，这就形成了口碑传播，扩大了旅游产品的影响力。智慧旅游通过积累游客数据和旅游产品消费数据，逐步形成自媒体营销平台，实现了精准营销。例如，通过分析游客的社交媒体活动，旅游企业可以了解他们的兴趣和偏好，推送定制化的旅游产品和服务，吸引更多潜在游客。智慧旅游还能通过大数据分析和人工智能技术，优化旅游营销策略。例如，通过分析游客的消费行为，智慧旅游可以预测旅游市场的趋势，为旅游企业制订市场营销策略提供数据支持；通过智能推荐系统，智慧旅游可以为游客提供个性化的旅游产品推荐，提高销售转化率。此外，智慧旅游还能利用虚拟现实和增强现实技术，打造沉浸式的营销体验，让游客在预订前就能身临其境地感受到旅游产品的魅力，提高其购买欲望。

### （二）智慧旅游的功能

从使用者的角度出发，智慧旅游主要包括导航、导游、导览和导购（简称"四导"）四个基本功能。其核心在于利用信息技术提升旅游服务的智能化水平，让游客在获取旅游信息、制订旅游计划、预订旅游产品、享受旅游过程以及回顾旅游体验的每一个环节都能感受到智慧旅游所带来的便利和改变。

在导航方面，智慧旅游将位置服务与旅游信息相结合，可使游客随时了解自己的位置。当前有多种定位技术可供使用，如 GPS 导航、基站定位、WiFi 定位、RFID 定位和地标定位等。未来，图像识别定位也有可能成为主流。其中，GPS 导航和 RFID 定位能够提供精确的位置，但 RFID 定位需要大量识别器的布设，并需要用户在移动终端上安装 RFID 芯片，这使其与实际应用仍存在一定距离。相比之下，GPS 导航更为简单和普及化，一般智能手机上都配备了 GPS 导航模块，外接蓝牙或 USB 接口的 GPS 导航模块还能让笔记本电脑、上网本和平板电脑具备导航功能，部分电脑甚至内置有 GPS 导航模块。将 GPS 导航模块接入电脑，可以实现互联网和 GPS 导航的完美结合，为游客提供移动互联网导航服务。

传统的导航仪无法及时更新信息，更无法查找大量最新信息，互联网虽然信息量大，却不能提供导航服务。高端智能手机既有导航功能，也能上网，但二者未能完全结合，需要在导航和互联网之间不断切换，使用起来并不方便。智慧旅游将导航和互联网整合在一个界面上，地图信息来源于互联网，而不储存在终端上，因此无须频繁更新地图。当GPS 确定位置后，最新信息会通过互联网主动弹出，如交通拥堵状况、交通管制状况、交通事故、限行状况、停车场及车位状况等，并且游客可以查找其他相关信息。这种与互联网相结合的导航方式是未来的发展趋势。通过内置或外接的 GPS 设备或模块，使用已经连上互联网的平板电脑，游客可以在行驶中的汽车上使用导航，位置信息、地图信息和网络信息都显示在一个界面上，随着位置变化，各种信息也会及时更新并主动显示在网页和地图上，这体现了智慧旅游直接、主动、及时和方便的特点。

智慧旅游在导游功能上也有显著优势。当确定了位置后，网页和地图会主动显示周边的旅游信息，包括景点、酒店、餐馆、娱乐、车站、活动（如演唱会、体育运动、电影）等的位置和相关信息。这些信息包括景点的级别和主要描述、酒店的星级和价格范围、餐馆的口味和人均消费水平、活动的地点和时间等。智慧旅游还支持在非导航状态下查找任意位置的周边信息功能，游客只需拖动地图即可看到这些信息，并可根据自己的兴趣倾向规划行走路线。

在导览功能上，智慧旅游相当于一个自助导游。当点击或触摸感兴趣的对象（如景点、酒店、餐馆、娱乐、车站、活动等）时，游客就可以获得关于这些兴趣点的位置、文字介绍、图片、视频和使用者评价等详细信息，以深入了解这些地点的情况，从而决定是否需要去这些地方。导览功能还可以提供虚拟旅行服务，游客只需提交起点和终点的位置，即可获得最佳路线建议，同时获得沿途的景点、酒店、餐馆、娱乐设施情况等信息。如果认可某条线路，游客可以将资料打印出来或储存在系统里随时调用。

智慧旅游的导购功能为游客提供了便捷的在线预订服务。经过全面而深入的在线了解和分析，游客可以直接在线预订客房或票务，只需在网页上点击感兴趣对象旁的"预订"按钮，即可进入预订模块，选择不同档次和数量的服务。由于利用了移动互联网，游客可以随时随地进行预订，并通过安全的网上支付平台，随时调整和制订旅游行程，不浪费时间和精力，也不会错过精彩的景点与活动，甚至有机会在某地邂逅久未谋面的老朋友。

总之，智慧旅游通过导航、导游、导览和导购四大功能的融合，彻底改变了传统旅游的模式。通过信息技术的广泛应用，智慧旅游不仅提高了游客的旅游体验和满意度，还推动了旅游行业的服务质量和效率的提升。随着技术的不断进步，智慧旅游将继续发展，为游客提供更为便捷、智能和个性化的服务，满足游客不断变化的需求，开创旅游产业的新篇章。

# 第四节　区块链 + 旅游模式

## 一、区块链

区块链作为"挖掘"比特币的底层技术所衍生的产物，本质上是一个去中心化的数据库，是指通过去中心化和去信任的方式而集体维护一个可靠数据库的技术方案。

### （一）区块链的定义

区块链是近些年才流行起来的新兴词语，在区块链的影响下，许多行业也发生了明显的变化，学界对于其定义的研究尚存在一些争议。目前学界关于区块链的定义主要有以下几种。

从底层技术来看区块链，它是分布式数据存储、点对点传输、共识机制、加密算法等计算机技术的新型应用模式。

从上层技术来看区块链，它则是一个分布式的记账本，区块链通过密码学的非对称加密和授权技术，保证数据的安全性与个人数据和信息的隐私性。

从应用需求层面来看，区块链是一个去中心化的平台，去中心是其最主要、最根本的特征。区块链的系统是开放式的，任何人都可以在其中进行操作，不过信息不可篡改，以解决交易过程中的信任问题与安全问题。

另外，关于区块链的定义还有广义与狭义的区分。狭义的区块链，是一种按照时间顺序将数据区块以顺序相连的方式组合成的链式数据结构，并且是以密码学方式来保证其不可篡改与不可伪造性的分布式账本；广义的区块链，是利用块链式数据结构验证传输和访问的安全、利用由自动化脚本代码组成的智能合约来编程和操作数据的一种全新的分布式基础架构与计算方式。

通俗一点来讲，区块链就是一种大众性全民共同参与的记账方式，如果把数据库看作一个庞大的"账本"，那么记账者就是区块链的参与主体，每一个主体所记录的信息都会对这个账本产生影响。

### （二）区块链的起源与发展

区块链技术的首次提出，需要溯源至2008年，在这一年的11月1日，一位名为中本聪的学者发表了一篇名为《比特币：一种点对点的电子现金系统》的文章，在该文章中，中本聪对多种新型的电子技术进行了比较和详细的论述。例如，时下刚刚出现的P2P网络技术、加密技术、时间戳技术、区块链技术等。

次年，中本聪所提出的理论开始逐渐进入应用过程，开始实践化。

2009 年 1 月 9 日出现了序号为 1 的区块，并与序号为 0 的创世区块连接形成了"链"，这便是最早的区块链的形成。自此，经济学界对于区块链技术始终保持着较高的关注度，但是区块链的相关实践与应用却受限于科技发展水平，并未进入更加广阔的范围。

2014 年，多国在科技领域取得多项重大突破，信息技术与人们生活的联系也愈加紧密，一些学者再次将目光锁定在区块链技术上，并准备大力发展区块链，希望通过智能合约技术将其用于数字货币外的分布式应用领域。

2015 年，《经济学人》杂志发表了一篇名为《The Promise of the Bolckchain: the Trust Machine》的文章，并提出区块链是"创造信任的机器"。这表明，区块链可以提高交易者对于交易活动中其他主体的信任程度，这对于信息时代发展网络交易具有重要的意义。区块链技术可以运用点对点网络和分布式时间戳服务器，实现自主管理，有效提升信息数据的安全性与可靠性。

2016 年，越来越多的业界人士开始意识到区块链的重要性。"通过智能合约技术，区块链开始应用于数字货币以外的分布式应用领域。世界经济论坛（WEF）甚至预测，到 2050 年，世界 GDP 的 10% 都将存储在区块链上或者应用区块链技术。"①

2017 年，欧洲议会发布了一份名为《区块链如何改变我们的生活》的报告，该报告对区块链技术进行了详细叙述，包括对区块链的基本信息介绍，区块链与现代生活的紧密性，以及对区块链未来发展的展望。总之，区块链技术在有关部门的推动下取得了一定程度的进展，并不断朝着更加宽广的领域和平台发展。

在我国，区块链技术大受欢迎，尤其近年来，许多企业开始考虑转型与创新，他们首先考虑的创新方式之一便是区块链技术的应用。以区块链为代表的分布式分类账技术更是迎来了长足发展。如今区块链技术

---

① 熊健，刘乔.区块链技术原理及应用 [M].合肥：合肥工业大学出版社，2018：6.

的发展已上升到国家战略层面，也被纳入了我国"新基建"范畴，我国在方方面面都大力扶持区块链发展。例如，出台了区块链产业政策，加大对区块链产业的扶持力度，打造区块链产业基地，等等。

### （三）区块链的特点

从区块链的形成过程看，区块链技术具有以下特点，如图 5-2 所示。

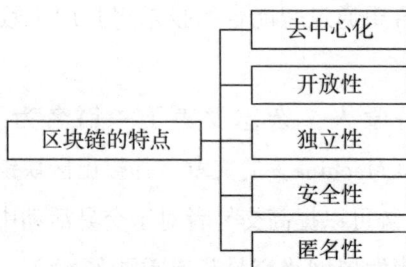

图 5-2　区块链的特点

#### 1.去中心化

区块链不需要单独的、统摄性的管理机构，无须受中心管制。在整个区块链之中，只有自成一体的区块链自身，每一个具体的区域都有其自己管理的方式，包括自我验证、传递等，去中心化是区块链最主要的特征。

#### 2.开放性

区块链是一个庞大的信息网络，在整个区域中，所有人都可以查询所有的信息（私有信息除外），这意味着，任何人都可以获知区块链中的信息，信息集合具有高度的公开性与透明性。

#### 3.独立性

区块链具有独立性，这是指区块链系统是整体化的，它的构成与运转不需要依赖第三方，区块链之中的所有节点都能够在系统内自动安全地进行各项工作，而不需要外界的干预，一切检验、交换、管理等都独立而有序。

### 4.安全性

只要不能掌控全部数据节点的51%，就无法肆意操控修改网络数据，这使区块链本身变得相对安全，避免了主观人为的数据变更的发生。

### 5.匿名性

除非有法律规范要求，单从技术上来讲，各区块节点的身份信息不需要公开或验证，信息传递可以匿名进行。

### （四）区块链的类型

如今，区块链一共有三种不同的类型，分别是公有链、联盟链、私有链。其中，公有链比联盟链与私有链出现得要早，与早期区块链的主旨高度吻合，而联盟链与私有链是为了促进区块链技术更快速地发展而后续产生的衍生类别。

### 1.公有链

公有链，是一种完全对外公开的区块链类型。在公有链中，用户可以自由自在地进入或退出，不受任何系统和人的限制。同时，在公有链中人们可以访问任何区块网络，能够查询各种信息，它属于真正具备去中心化特征的区块链。

### 2.联盟链

联盟链，指针对某一个特定群体或某一个第三方的区块链类型。联盟链具有特殊的优势：第一，交易成本更加低廉，交易时只需要几个收信的高算力节点验证即可，不需要像公有链一样等待全网确认；第二，安全性更高，在联盟链中，信息的读取受到限制，这能够对信息起到一定的保护作用；第三，节点连接比较方便，这能减少耗费的时间，以便更加快速地完成交易。

### 3.私有链

私有链，是仅对单独的个人或实体开放的区块链类型。私有链具有以下三个特点，分别为交易速度极快、隐私性更高、成本明显降低。值得注意的是，虽然私有链的去中心化特点并不明显，但正因如此，未来私有链可以作为联盟链与公有链的补充，以弥补其他区块链的不足。在可以预见的未来，区块链技术必将不断成熟，链与链之间的界限也将被突破，人们有望结合不同类型的区块链更好地解决现实问题。

## 二、区块链 + 旅游模式

区块链技术自从诞生以来，就一直受到人们的持续关注，甚至一度被认为是互联网 2.0 时代的基础设施。伴随区块链技术在世界范围内的不断发展，我国的区块链技术也臻于完善。同时，在区块链技术的加持下，国内许多领域已经开始走上与区块链的结合创新之路，开创出新的商业模式，而区块链 + 旅游模式，便是区块链商业模式创新中的重要组成部分。

区块链作为一种底层技术架构，其本身的作用所具备的实际意义是微乎其微的，但若区块链与经济社会的各个领域进行融合，就能够发挥出潜在的巨大优势，实现巨大的社会价值。而区块链 + 旅游无疑是最为理想的首选，原因如下。

第一，任何对信息有高度要求的行业都适合应用区块链技术，旅游业便是基于信息的产业。

第二，旅游行业涉及面广，环节众多，要素管理方式复杂，这与区块链适用于多方参与场景的特性是一致的。

可见，区块链 + 旅游模式具有明显的可行性。

### （一）国内区块链 + 旅游的发展概况

国内区块链与旅游业的融合发展始于 2018 年，因此，许多业界人士都将 2018 年视为区块链＋旅游的"元年"。需要注意的是，同年区块链与其他诸多行业也有过紧密结合的尝试，如区块链＋金融、区块链＋零售、区块链＋农业等，不过，由于区块链与旅游业具有一定的共通性，因此二者的融合发展更加深入。

2018 年，国内出现了许多区块链＋旅游的新项目，并随之引发了许多变革性的突破。第一，实现无中介交流。当前的 OTA 平台如 Priceline、Ctrip，由于旅游产业链条长，交易过程中涉及很多中间环节，而且平台为了维持自身的发展，转而向入驻平台的服务商收取高昂的佣金，造成了旅游企业运营成本的增加。英国社交平台 Cool Cousin 通过建立一个由当地人和旅行者组成的全球分散的生态系统，由一个名为 CUZ 的新加密货币提供支持，实现了个性化信息和个性化服务的无中介交流，为新的旅行平台的搭建奠定了基础。国内的 Tripio 则利用去中心化的区块链技术，基于 Tripio 智能合约，使用 TRIOToken 进行住宿预订跳过平台中间商差价，直接连接用户和商家。服务提供者不用支付任何佣金，运营成本降低，这使用户可以用更低的价格获得更好的服务。第二，实现数字身份验证、积分、预订等流程的高效管理。传统旅游平台存在固化的弊端，如信息易泄露、预订困难、环节烦琐等，这都需要应用区块链技术来进行有效解决。乐鸥在线文旅平台就是基于区块链技术而形成的一种旅游综合服务类平台，平台涵盖的内容比较广泛，涉及旅游过程的任何环节，如酒店预订、旅游目的地信息搜集、资源共享、票务预订、社交分享等。而最重要的是，在该平台，游客可以与旅游公司直接沟通，打破一切其他限制，模拟面对面交流。同时，用户还能用积分进行消费，或者将积分转让出去。

2018 年 7 月 26 日，中国旅游区块链论坛暨星牛旅行 APP 产品发布会在京举办，该公司致力运用区块链技术，打造一个链接全球的全方位、宽领域、国际化的区块链＋旅游新业态，为游客构建一条高性价比的旅行生态链。

随着科学技术的快速更迭，以及国内诸多区块链旅游公司的兴起，以区块链技术为核心的文旅项目也如雨后春笋般不断涌现。例如，五朵山区块链旅游小镇就在这样的契机之下发展了起来。五朵山是河南省 4A 级著名旅游景区，集休养度假、旅游观光、地质景观等多种游玩项目于一体，与区块链技术结合后，该景区大力推动生态、信息、文旅等要素融合，取得了优异的成绩。

2019 年 7 月，我国首届"数字云南"区块链国际论坛召开，全国第一张区块链电子冠名发票通过"游云南"平台开出。区别于传统电子发票，"游云南"区块链电子冠名发票把原有纸质冠名票进行了线上化处理，基于区块链技术，使小小的门票信息具备了分布式存储、全流程完整追溯、不可篡改等特性，同时由于"资金流、发票流"合一，游客无需排队和填写信息即可购票开发票，且开具的发票可直接发送至电子邮箱，安心省心。同年 11 月 16 日，国际区块链大会于浙江德清召开，海内外多名专家学者共同与会，围绕区块链技术及其与相关产业的创新发展提出了许多颇具建设性的建议。会议上有学者指出，有了区块链技术，数字世界就可像物理世界一样真实可信。还有学者表示，要大力发展区块链，促进区块链为其他行业赋能。此次会议不仅对浙江发展区块链产业具有积极意义，还对全国"区块链+"产业发展有十分重要的意义。同年 12 月，第七届中国旅游产业发展年会在海南省三亚市举办，与会嘉宾以"融合驱动创新 传播赋能升级"为主题，就在当前文旅产业发展背景下，如何找准文旅产业投资增长点，在产业融合中谋求创新发展，用新技术赋能文旅产业等议题进行了深入探讨交流。

2021 年，北京师范大学地理科学学部吴殿廷教授提出，要深入推进文旅产业发展，主要建议从三个方面着手，其中，要加快建设文旅数据中心，充分借助大数据、人工智能、区块链等新技术，实现智慧景区、智慧城市、智慧旅游。

同年 6 月，国航、南航等航空公司，武汉扬子江、重庆于洪星际雅典娜等游船公司，地中海、歌诗达等邮轮公司和全国近四百家旅游公司云集大连，用区块链技术打造了全国第一个山海数旅云平台。

综上所述，自2018年以来，国内的区块链产业就处于不断发展的进程之中，并与包括旅游业在内的诸多行业逐渐形成越发紧密的联系，在这样密切的关系网中，人们摸索出了适合我国产业发展的新驱动力，并使区块链成为助力国内旅游产业发展的"新引擎"。

### （二）区块链 + 旅游的意义与价值

促进区块链 + 旅游的发展，具有十分重要的现实意义与重要价值。

#### 1. 区块链 + 旅游有助于大幅提升工作效率

区块链技术最重要的特征便是去中心化，这种特征能够完全地、及时地记录与旅游活动相关的大量信息，包括物流信息、景区信息等。不论出现哪种特殊情况，工作人员都可以运用区块链技术对信息进行溯源跟踪，从而提高解决问题的效率。

同时，这样能避免许多麻烦，如减少旅游资源浪费、游客与企业的纠纷等，从而营造出更好的旅游氛围，保护环境。

#### 2. 区块链 + 旅游有助于大幅增强信息的真实性

区块链技术中的非对称密码技术能够使人们在区块链中的分布式系统中用公匙确认身份信息，人们能够在旅游活动中以实名认证的方式旅游。如果在旅游活动中出现虚假宣传、夸大宣传、骗取信息、违规竞争等行为，区块链技术可以对其进行曝光，从而有效减少旅游活动中诚信问题与欺诈问题的发生，淘汰不良商家，促进旅游市场环境更加和谐与稳定。

#### 3. 区块链 + 旅游有助于明显改善游客的旅游体验

在传统旅游过程中，走马观花式的观光旅游缺乏深入体验性与互动性，尽管在旅游业发展早期能满足多数游客的需求，但如今游客需求越来越多，要求越来越高，人们都希望获得更加全面和深入的旅游体验。

区块链技术能够帮助游客在互动性、体验性更高的景点中优化并丰富旅游体验，甚至游客还可以亲身参与旅游管理的部分事务，获得前所未有的新奇体验。

4.区块链 + 旅游有助于显著提升旅游服务平台的效能

国内部分旅游区域，仍然存在轻效能、重面子的错误观念，这对旅游业造成了一系列的不良影响。如果能够促进区块链 + 旅游的深入融合，就能够有效改善上述问题，从而提升旅游服务平台的效能。利用区块链技术，人们可以对旅游服务平台进行全方位、宽领域的完善化发展，如促进多节点参与维护，促进信息数据的流通与共享等。随着区块链对旅游业的渗透，旅游业能够逐渐形成一整套完善化、可信任、可追溯的全方位旅游服务平台，其服务效能自然能够迈上一个新的"台阶"。

5.区块链 + 旅游有助于开创旅游行业发展新方向

区块链为旅游业赋能，赋予其新的发展"生机"，主要表现在以下几个方面。

第一，区块链技术的去中心化特性能够把旅游供应商与游客放在同一应用层，这有助于供应商更加充分和直观地感受市场，把握市场的脉搏，响应游客的需求，从而促进新业态的产生。

第二，人们能够运用区块链技术信息不可篡改与信息数据公开透明的特性，建立诚信机制，促进旅游产业内部信用基础的不断提升。

第三，区块链技术还有助于人们打造全域旅游新生态，使人们有望实现全域旅游示范区"一链游"的目标。

### （三）区块链 + 旅游的应用与实践

第一，区块链 + 旅游可以优化景区旅游资源管理。众所周知，区块链最大的特性就是去中心化、信息可溯源等，利用这些优势，人们能够时刻快速地搜集旅游景区的各种信息，保持对景区的高度关注。一旦旅游景区内部出现任何突发情况，有关人员都能够在区块链技术的支持下及时了解到并做出正确处理。例如，景区内出现游客不爱护公物或乱扔垃圾的行为，管理者可以及时制止，并做出相应处罚。又如，管理者可以十分详细地记录后勤物资的使用记录与相关数据，从而解决资源管理中数据不明等问题。

第二，区块链＋旅游可以强化旅游活动信用体系。在传统旅游活动中，由于信息不够畅通，网络监管不力，时常出现各种各样的失信行为。例如，有些商家为了招徕顾客而进行虚假宣传，在网络散播不实信息；有些机票代购服务在收钱之后以航班取消为由暂扣欠款，并且恶意拖欠；还有些景区周边的商家为了吸引顾客而刷好评。此外，还有乱收费、劣质服务等行为。区块链技术能够有效解决数据流转与传输过程中出现的造假行为，不仅在很大程度上杜绝了上述情况的发生，还有效保护了游客的个人隐私信息。

第三，区块链＋旅游可以完善旅游支付交易体系。区块链技术在旅游支付与交易中的广泛应用，不仅提高了支付的安全性，还增强了支付的便利性。在互联网时代，纸质的现金已经逐渐淡出大众的视野，取而代之的是电子支付，如微信支付、支付宝转账等。这种电子支付方式虽然具有一定的便捷性，但是容易因网络漏洞而出现安全危机。区块链技术去中心化且不可篡改，极大增强了支付的安全性，可为游客的支付活动保驾护航，有效保障支付安全。

同时，由于区块链技术的支持，"游客购买活动中，交易双方不再依赖于微信或支付宝，而是基于区共识机制直接进行交易转换，可以省去中间环节，系统可直接进行实时转账及结算环节"①。

---

① 魏琰笑，韩煜，李慧.区块链在旅游业的应用场景分析[J].产业与科技论坛，2020，19（7）：102.

# 第五节　新质生产力 + 旅游模式

## 一、新质生产力

新质生产力是现代经济发展的重要引擎，其核心在于科技创新和技术的革命性突破。

新质生产力，其要义就在科技创新，在于技术的革命性突破。科技是第一生产力，创新是第一动力。关键核心技术是要不来、买不来、讨不来的。

当前，世界百年未有之大变局在加速演进，科技发展日新月异，创新技术层出不穷，经济格局不断调整。要于变局中开新局，只有牢牢抓住科技创新这个"牛鼻子"，整合优化创新资源，持续加大研发投入，增强原始创新，突破更多颠覆性技术和前沿技术，实现科技自立自强。

科技创新不仅是经济发展的动力源泉，还是提升国家竞争力的关键。新质生产力的形成离不开科技的支撑和推动。整合科技创新资源，构建高效的创新体系，可以加速科技成果转化，推动产业结构优化升级。特别是在当前的经济全球化背景下，科技竞争日益激烈，唯有不断创新，才能在国际竞争中占据优势地位。

加快形成新质生产力，需要在多个方面发力。要加强基础研究，增强原始创新能力。基础研究是科技创新的源头活水，只有在基础研究领域不断取得突破，才能为应用技术的发展提供坚实的理论基础和技术支撑。要加大对基础研究的投入，培养一批具有国际领先水平的科学家和科技人才，建设一批高水平的科研机构和创新平台。要推动产业技术创新，促进战略性新兴产业的发展。战略性新兴产业是未来经济发展的重要支柱，包括新一代信息技术、生物技术、新能源、新材料、高端装备制造、节能环保等领域。这些产业的发展不仅依赖科技创新的推动，还需要产业政策的支持和引导。要通过政策引导和市场机制相结合的方式，促进产学研深度融合，加速科技成果转化，推动新兴产业做大做强。要提升企业的创新能力，发挥企业在科技创新中的主体作用。企业是科技创新的主体，具有敏锐的市场嗅觉和强大的资源整合能力。要鼓励企业加大研发投入，增强其自主创新能力，特别是在关键核心技术领域，企业要通过自主研发和技术攻关，突破技术瓶颈，实现技术自立自强。同时，要加强对中小企业的支持，帮助其提升创新能力，推动其成为科技创新的重要力量。还要优化创新生态，营造良好的创新环境。科技创新离不开良好的创新生态和创新环境。要通过深化科技体制改革，建立健全创新激励机制，激发科研人员的创新热情和创造力。要加强知识产权保护，营造公平竞争的市场环境，鼓励企业和科研机构加大创新投入。要通过政府引导、市场驱动和社会参与相结合的方式，构建开放、协同、高效的创新体系，形成创新发展的良好生态。

在科技创新的推动下，新质生产力将为经济发展注入强劲动力。在制造业领域，新质生产力可以引领推动制造业向智能化、高端化转型升级，提升制造业的国际竞争力。在服务业领域，新质生产力的应用，可以提升服务业的效率和质量，推动服务业向专业化、高端化发展。在农业领域，新质生产力的应用，可以提升农业的现代化水平，推动农业向集约化、智能化发展。新质生产力作为经济发展的重要"助燃剂"，在推动产业转型升级、提升国家竞争力、促进绿色发展和可持续发展等方面具有重要作用。

## 二、新质生产力成为旅游产业创新的全新动力

新质生产力作为一种全新的经济发展动力源泉，正日益成为推动旅游产业创新的核心力量。

随着科技的迅猛发展，旅游产业正经历着一场深刻的变革，传统的经营模式和服务方式正在被颠覆，科技创新带来的新质生产力正引领旅游产业迈向一个全新的发展阶段。

新质生产力不仅提升了旅游产业的服务水平和运营效率，还推动了旅游产品的创新和游客体验的提升。

### （一）新质生产力在提升旅游服务智能化水平方面发挥了重要作用

通过物联网、大数据、云计算、人工智能等技术的应用，旅游产业的服务模式得到了全面升级。例如，智慧旅游平台的广泛应用，使游客能够通过智能终端设备获取实时的旅游信息、路线建议和个性化服务。智能导览系统、虚拟现实和增强现实技术的应用，为游客提供了沉浸式的旅游体验。游客可以通过手机或 VR 眼镜获取景点的详细介绍、历史背景和互动内容，这大大提升了旅游的趣味性和互动性。

### （二）新质生产力推动旅游企业运营效率的提升

通过大数据分析，旅游企业可以精准了解市场需求和游客行为，从而制订更加精准的营销策略和运营计划。例如，酒店管理系统可以通过分析预订数据、客流量和客户反馈，优化房间配置、价格策略和服务内容，提升入住率和客户满意度。景区管理系统可以通过实时监控游客流量和行为，及时调整运营策略，避免景区拥堵和资源浪费。智能化的运营管理不仅提升了旅游企业的竞争力，还提高了游客的满意度和忠诚度。

### （三）新质生产力在旅游产品的创新方面展现了巨大潜力

传统旅游产品往往以观光为主，而新质生产力的引入，使旅游产品的种类和形式更加丰富多样。通过虚拟现实技术，旅游企业可以开发虚拟旅游产品，游客可以足不出户，就能通过 VR 设备领略世界各地的美景和文化。这不仅满足了游客的多样化需求，还为旅游企业开辟了新的市场空间。此外，智慧景区的建设，使旅游产品更加丰富和多样。智能化的娱乐设施、互动体验项目和主题活动，吸引了更多的游客前来体验，为景区带来了新的发展机遇。

### （四）新质生产力在推动旅游产业绿色发展和可持续发展方面可发挥重要作用

通过智能技术的应用，旅游企业可以实现资源的高效利用和环境的有效保护。例如，智慧景区可以通过智能监控系统，实时监测景区的环境状况和资源消耗情况，并及时采取措施进行调控，减少对环境的影响。智能交通系统的应用，可以优化交通流量，减少交通拥堵和碳排放，推动绿色交通的发展。智能能源管理系统的应用，可以提升能源利用效率，减少能源消耗和污染排放，推动绿色能源的发展。

### （五）新质生产力可促进旅游产业的融合发展

通过信息技术的应用，旅游产业可以与其他产业进行深度融合，形成多元化的产业生态。例如，旅游与文化、体育、健康等产业融合，可以形成丰富多样的旅游产品和服务，满足游客的多样化需求。智慧旅游平台的建设，使旅游产业可以与互联网、金融、物流等产业紧密结合，形成完整的产业链条和服务体系。这种融合发展不仅提升了旅游产业的综合竞争力，还为其他产业的发展提供了新的机遇和动力。

### （六）新质生产力将有效提升游客体验和服务质量

通过智能技术的应用，旅游企业可以为游客提供更加个性化和便捷的服务。例如，智慧酒店可以通过智能客房管理系统，为客人提供自动化的服务，如房间温度调节、灯光控制、客房清洁等，提升了游客的入住体验。智慧景区可以应用电子门票系统，实现快速检票和入园，减少排队时间，提高游客的游览效率。智能导览系统可以为游客提供实时的路线建议和景点介绍，使游客的游览过程更加顺畅和愉快。

# 第六章　"云数智"赋能旅游业商业模式创新发展的挑战及对策建议

## 第一节　"云数智"赋能旅游业商业模式创新发展的挑战

"云数智"赋能旅游业商业模式创新发展时所要面临的挑战，如图6-1所示。

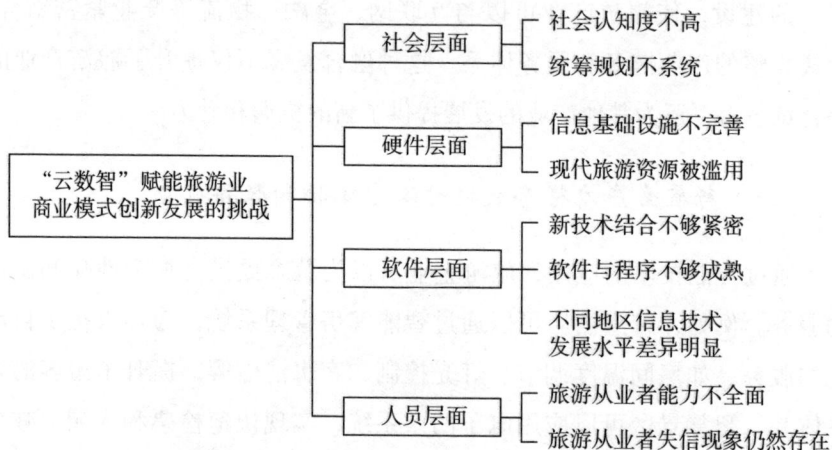

图6-1　"云数智"赋能旅游业商业模式创新发展的挑战

## 一、社会层面

"云数智"技术为 20 世纪与 21 世纪之交才刚刚兴起的新型技术，无论是云计算、大数据，还是人工智能，虽然都已经在某些领域被广泛尝试和应用，并取得了一些成绩，但是仍然有许多相关的技术需要去打磨和提升。以"云数智"技术为旅游业赋能，促进旅游业的现代化转型发展，自然也需要时间的积累与实践的摸索。

纵观历史，我国的旅游文化流传千年，早在春秋战国之前就已经存在旅游活动了，古人流连于山水之间，不仅是在欣赏美景，还热衷于吟诗作对，就在字里行间，将美妙的景致流传下来，久而久之，旅游相关的文化已经成为一个庞大的体系。但是传统旅游与"云数智"旅游却在某些层面上存在着明显的差异，这也为"云数智"旅游业的转型发展提出了新的挑战。

在社会层面，目前"云数智"旅游业商业模式创新发展主要面临社会认知度不高和统筹规划不系统这两方面的挑战。

### （一）社会认知度不高

如今，借助"云数智"技术，人们迎来了旅游业的重大转型时刻，实现"云数智"与旅游业的融合发展。现代化的信息技术手段，能够为传统旅游业赋予许多新的功能，同时能够为游客提供许多便利。但是，由于目前我国"云数智"旅游业的转型发展尚处于初级阶段，因此社会认知度不高。社会认知度，是社会绝大多数人对某种事物的认知程度或整体印象，它与社会的发展历史、群体的价值观念息息相关。我国"云数智"旅游认知度不高的主要原因在于以下几点：其一，绝大多数的中老年人对"云数智"等新兴科技了解不够充分，他们对于电子产品与软件应用缺乏全面的认知，许多老年人对其安全性与隐私性表示担忧，仍然选择最传统的旅行方式。其二，相关部门与相关企业的社会宣传工作不到位，并未在社会中实现"云数智"旅游的大范围宣传推广，所以，许多人根本不了解什么是"云数智"旅游。

### （二）统筹规划不系统

"云数智"技术是多项信息技术的集合，具有复杂性、现代性，在此基础上还要与旅游业相结合，以促进传统旅游业的快速转型发展。可见，"云数智"旅游业是一项具有很强的集成性、集合性的事业，想要实现它的稳步推进与高效发展，必然需要科学合理的统筹规划。

如今，"云数智"技术的发展正在持续推进，但是由于相关领域缺乏管理人才，"云数智"旅游业的融合转型存在着统筹规划不系统的问题。

第一，目标不够明确。有关人员并未围绕"云数智"旅游事业制订清晰明确的发展目标，这就使该产业在发展的过程中免不了走一些"弯路"。

第二，各环节联系不够紧密。"云数智"旅游业的重点在于多项新型技术与旅游业的协同发展，这就必然需要管理人员对这些项目进行统一性、系统性的全面管理。

第三，问题上传下达的效率较低。"云数智"旅游业转型属于旅游业在21世纪的创新尝试，在创新过程中，人们难免会遇到各种各样的问题。但是相关领域中基层人员向上级反馈问题，以及上级向基层人员布置任务时，时常会出现延迟或误传的情况，这就使已经出现的问题无法在最短的时间内得到解决。

## 二、硬件层面

在硬件层面，"云数智"旅游业面临信息基础设施不完善与现代旅游资源被滥用的情况，这些问题需要相关部门提起重视。硬件是开展行业转型的物质基础与保障，只有建立完善的、规模化的硬件体系，才能够为该领域的从业人员提供一系列支撑，促进行业转型发展的顺利进行。

### （一）信息基础设施不完善

打造"云数智"旅游业，先要完成的工作是信息时代的基础设施建设，只有在此基础之上，人们才能够继续进行接下来的旅游业转型与创新。在信息时代，云计算、大数据、人工智能等新型技术成为时代的主题，它们为人们的日常生活增添了极大的便利性，许多在以往难以做到的事情，如今只需要动一动手指便可以完成。例如，只需要打开移动智能终端，就可以轻松地获取各旅游景区的相关信息；只需要登录景区的门户网站或打开微信公众号，就可以实现门票在线预订；等等。但是这一切都有赖于完善的信息基础设施，如果基础设施不完善，那么各景区、各公司的信息就无法在网络上传播，游客当然也无法体验智慧旅游的独特性。

如今，国内东北沿海地区与其他经济比较发达的地区的信息基础设施建设工作已经卓有成效，无论是城区还是郊区都建立起了比较严密的基础设施网络，遍及各个景区。同时，景区内部的工作人员多为受过高等教育的大学生或专业领域的技术型人才，他们具备辅助完成信息设施建设的能力。总之，这些地区的信息设施比较完善。但是，在经济欠发达地区，由于地势原因和专业人员的原因，当地信息基础设施还不够完善，许多地区的旅游业仍然是比较传统的模式。例如，游客前往比较偏僻的西北地区景区时，无法在景区官网实现预约订票，也无法提前查询景区的营业情况与周边服务，甚至还会出现信号较差，无法实现实时通信的情况。又如，一些地区旅游产业链的发展还不成熟。由于目前智能旅游业的公司和解决方案提供商大多来自旅游公司或互联网公司，许多硬件技术储备严重短缺，即使相关领域的专业设计师有比较宝贵的旅游设计方案，由于相关的基础设施不够完善，也无法在短时间内变为现实。

可见，部分地区的信息基础设施建设力度亟须加强，人们仍然面临着比较严峻的挑战，需要大量专业技术人员对此进行长效开发。

## （二）现代旅游资源被滥用

旅游资源，包含广义与狭义两层含义，在广义层面，旅游资源指的是人类社会一切可被用于发展旅游事业的事物的统称。无论是在传统社会还是在信息时代，旅游资源都是旅游产业不断发展的前提。前些年国内为了大力发展旅游业，以带动经济发展，许多景区极力开发潜在旅游资源，这在一定程度上促进了旅游产业的发展，实现了旅游经济的突破式增长。

但旅游资源的过度开发与滥用也为旅游景区带来了很大的压力，这些压力是来自多方面的，而产生压力的主要原因是旅游资源所能承受的开发限度是有限的。例如，有些景区为了在较短时间内获取高额的利润，大量吸引游客，使景区内的游客数超出了有关部门所设定的最大承载量，这给景区的硬件设施与自然资源带来了很大的压力；有些景区在管理层面存在明显的疏漏，管理手段缺乏实效性，管理人员缺乏专业性，致使景区旅游资源无法受到合理保护；还有些景区，尤其是热点景区，容易出交通拥堵，而景区交通运力不足、旅游服务设施紧张、资源环境破坏、旅游安全事故频发。

总之，旅游资源滥用，缺乏系统保护，也是摆在旅游事业发展面前的一大难题。

## 三、软件层面

"云数智"旅游业的重点在于新兴信息技术与旅游事业的融合创新，这就需要相关的从业人员对旅游事业与信息技术进行全方位的深入研究，力图找到二者融合的契合点，从而实现旅游领域的创新。

对于信息化旅游业而言，硬件设施无疑是根本，如果将旅游业比作一个人，那么包括线路、基站等在内的硬件设施就是一个人的"骨骼"，没有这些"骨骼"就无法筑牢旅游业创新转型的根基。而软件层面同样值得重视，软件相当于人的"血液"，先进的软件和程序除了能够大幅提升游客的旅游体验感，还能够让旅游业的创新转型更加顺畅。

### （一）新技术结合不够紧密

目前，旅游公司在"云数智"旅游业的发展过程中遇到了很大的挑战。一方面，许多旅游公司在开发的过程中过于重视硬件基础设施的建设，而忽略了软件开发与建设，这就导致"云数智"旅游业走上了"畸形生长"的路线，于旅游事业的长远发展极其不利。在旅游业的转型发展中，一些旅游公司或景区有关部门普遍认为，只要旅游资源及其周边的配套设施建立得足够完善和丰富，就能够为游客带来更好的旅游体验，从而吸引更好的游客，以促进旅游业发展。另一方面，有些旅游公司过于重视软件技术，认为"云数智"旅游业的重点在于新型技术，如果缺乏这些新技术，只是埋头搞硬件设施，那么这与传统旅游行业没有任何实质分别。此外，许多公司有各环节、数据严重分裂的问题，有些节点竟没有数据跟踪意识，这就导致整个行业各做各事，各说各话，产业链更难实现智能闭合。

可见，国内的多数旅游公司并未深刻认识到"云数智"与旅游业二者结合的必要性与重要性，以致与新技术的结合不够紧密，也并未实现云计算、大数据、人工智能等新技术的融合发展。这就在很大程度上限制了旅游业的转型发展。

### （二）软件与程序不够成熟

"云数智"旅游与传统旅游最大的不同就是融入了全新的信息技术，改变了传统的旅游模式。"云数智"旅游需要构建规模庞大的网络体系，在网络平台上，用户可以通过智能终端实现许多传统旅游活动中无法完成的操作，从而极大地提升旅游活动的便捷性。可见，"云数智"旅游需要开发相关的软件与应用，它们能够将景区、旅游公司、游客等"串联"在一起。

然而，目前许多与旅游相关的软件与应用不够成熟，并有许多问题，这不仅给旅游业的信息化转型发展带来了一定的阻碍，还让游客的旅行体验大打折扣。例如，应用软件的功能还不够健全，有些应用软件只能满足游客提前订票的需求，但是对于游客的其他需求（如景区特色虚拟体验、景区服务项目安排等）却无法满足；有些软件的运行速度比较缓慢；有些软件的稳定性欠佳，时常在使用过程中出现"崩溃"的情况。这些问题无疑削减了游客对旅游相关软件的好感度。

### （三）不同地区信息技术发展水平差异明显

我国疆域辽阔，不同的区域存在不同的特性，不同区域的信息技术发展水平受此影响颇深。在沿海发达城市，信息产业的发展规模与发展速度明显优于落后地区，这就导致落后地区信息化旅游业的转型速度无法跟上沿海发达城市。

## 四、人员层面

"云数智"旅游业的发展除了需要有关部门的宏观调整，以及硬件与软件的结合，还需要一大批具有旅游相关专业素养的高素质从业人员。对于旅游业而言，从业者是旅游业发展的"主力军"，他们的专业化水平在很大程度上决定了旅游事业发展的速度。

国内开设旅游专业的高校数量很大，每年从旅游相关专业毕业并进入社会的学生也很多，但是我国高素质的旅游从业者仍然稀缺，这导致"云数智"旅游业的转型发展遇到很大的挑战。

### （一）旅游从业者能力不全面

目前旅游行业的从业者普遍能力不够全面，随着我国经济水平的大幅提升，人们的可支配收入明显增多，旅游活动与人们的联系越来越紧密，这一点从我国每年"五一""十一"的出游人数上就可以看出来。例如，2007年、2008年、2009年，我国"十一"黄金周接待游客总人次分别为 1.46 亿、1.78 亿、2.28 亿人次，虽然人数有所增长，但是增幅并不明显。但 2019 年国庆假期，全国共接待国内游客 7.82 亿人次。

如此庞大的旅游群体，势必需要大量的旅游从业者，并且旅游从业者应当能够肩负起组织旅游活动的重任。但事实上，国内旅游从业者水平不一，有些从业人员经过多年的专业学习，基本功很扎实，对信息技术也能触类旁通，但是也有许多从业者能力水平极度倾斜，这就使旅游业从业者群体呈现出能力不全面的现象。

旅游从业者能力不全面，存在明显的差异性，主要有以下几点原因。

第一，旅游从业者中"半路出家者"很多。在我国，旅游从业者入门的考核与审查不够严格，无论从业者曾经是哪一专业毕业，只要经过较短时间的系统学习，并顺利考取相关的资格证书，就能够进入旅游行业开始工作。许多从业者获得从业证书后，并未保持学习，没有时刻更新自己的专业知识与行业理念，只是"吃老本"，所以很容易被时代淘汰，这导致他们与旅游相关的各项能力强弱不一。例如，有些旅游从业者只是对旅游相关的基本知识有所了解，但对信息技术一窍不通，这与"云数智"旅游业的发展趋向并不一致，不利于旅游业的转型创新。

第二，旅游专业的教育体系不够科学。目前国内旅游专业教学体系的分支比较庞大，包括旅游管理学、导游学、景区开发、酒店管理、休闲服务等，此外，还有许多学科与旅游学形成了交叉，如旅游经济学、旅游市场营销等。可见该学科的教育教学具有多元化的发展趋势。但是，许多学科的教育教学实践安排却不够科学。例如，旅游相关的专业多数属于偏重于实践的学科，可是教学活动却以理论为主，课外实践与调研活动很少，这并不利于未来的旅游从业者全面提升他们的专业能力。又如，旅游业应当与时俱进，要与时代接轨，这也是促进"云数智"旅游业发展的重要手段，可是许多高校的旅游专业教学并未包含对信息技术的学习，这就导致许多该领域的从业者对旅游业信息化转型并无实际性的帮助。

### （二）旅游从业者失信现象仍然存在

"信用问题无小事"，尤其是在旅游行业中，信用问题更是显得愈加重要。在"云数智"旅游业的发展过程中，信用问题被显著放大。利用信息技术，以互联网为平台，人们可以在网络上与旅游公司或旅游景区取得联系，还能够登录各景区的门户网站，在网站上直接预订门票，以及获知景区的实时概况。

多数从业人员都能够恪尽职守，在网络上为用户提供相应的帮助，帮助他们充分发挥互联网的便捷性与实效性。但是也有部分旅游从业者存在严重的失信问题，他们进行虚假宣传，欺骗用户，更有甚者利用自己工作的身份，对用户进行诈骗。

此外，还有部分旅游从业人员恶意拖欠用户的资金，或恶意拒绝退款等，这些行为不仅是十分严重的失信现象，更触碰了法律的底线，造成了十分恶劣的社会影响，这对于"云数智"旅游业的发展极其不利，明显降低了用户对信息技术的信任程度。

## 第二节 "云数智"赋能旅游业商业模式创新发展的对策建议

"云数智"赋能旅游业商业模式创新发展的对策建议，如图 6-2 所示。

| | |
|---|---|
| | 深化旅游业信息化程度 |
| | 完善旅游业服务体系 |
| | 加快旅行社创新转型 |
| "云数智"赋能<br>旅游业商业模式<br>创新发展的对策建议 | 加强政府引导管控职能 |
| | 增强基础性交通建设 |
| | 大力研发"云数智"技术 |
| | 推进旅游市场深化改革 |
| | 提升旅游从业人员对"云数智"<br>技术的掌握水平 |

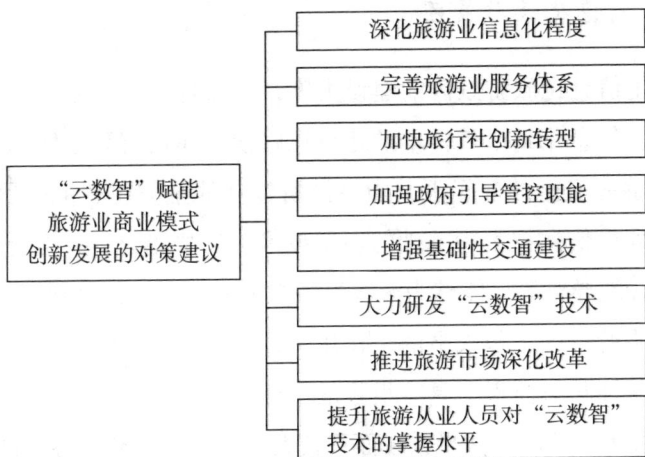

图 6-2 "云数智"赋能旅游业商业模式创新发展的对策建议

## 一、深化旅游业信息化程度

随着信息通信技术的快速发展，国内移动终端已经能够轻松管理和操作与人们的生活息息相关的各种事务，在旅游业的转型方面，人们更应大力应用信息技术，以期尽快实现体系化、规模化的"云数智"旅游业发展，促进我国的旅游业与经济发展水平实现"大跨越"。

### （一）信息化业务办理

要借助"云数智"技术，增强旅游业信息共享的能力，推进信息推广与宣传的速度。在信息领域，信息传输具有明显的瞬时性、广博性，只需要一瞬间，就能够将信息在瞬间传递至四面八方。这一现象在"云数智"旅游业转型过程中应受到人们的高度重视。

国内旅游业的部分领域，如航空业、运输业等，已经基本实现了信息化业务办理，这极大地提升了办公效率，减轻了从业人员的工作量，更为游客朋友节约了大量时间。

## （二）信息化旅游景区

要强化信息化旅游景区的建设力度，把信息化作为旅游景区转型的主要方向。信息化景区最根本的建设思路便是建设智慧景区，智慧景区是在保障游客安全的前提下，为景区所建立的全方位智能化服务体系，包括一系列以信息技术为基础的新型技术，如智能语音、人脸识别、指纹识别、智能导览等，能够为游客提供极大的便利。促进智慧景区发展，能够减轻旅游景区工作人员的工作压力，提高景区服务水平，增强游客旅途的趣味性与体验性，具有很强的实际意义。例如，智能导览能够为游客提供极大的便利。如果景区面积较大，游客就容易在游玩过程中"迷路"，无法顺利找到自己想要到达的目的地。智慧导览结合了导航系统、语音系统，可为游客提供便捷的服务，并对景区内部的人流量、线路图进行综合分析，给游客提供最快捷安全的旅游路线。又如，虚拟现实技术也能够大幅提升旅游景区的信息化水平。利用虚拟现实技术开发"云旅游"无疑是有效的尝试，"云旅游"，可以为游客提供沉浸式旅游体验，游客可以不受时间与空间的限制，利用信息技术的特性，从多角度去观看景区，获得与身临其境十分相似的旅游体验。而且，人们还可以完善互联网、大数据、VR、AI技术，利用计算机网络、移动设备等信息化技术，开展定制服务，提升用户体验和满意度，给消费者带来沉浸式体验。[①]

目前国内"云旅游"的热度正在逐步提升，人们正在着力开发许多软件和应用以完善"云旅游"系统，如"飞猪"的开发，还有各大博物馆官网的开发等举措。

此外，人们还要努力打造一批标杆性的优秀智慧化景区，集合多种信息技术于一体，使其成为国内其他景区发展的"榜样"，从而加快国内

① 梅紫微.张晶婷，后疫情时代我国旅游业高质量发展对策研究[J].全国流通经济，2021（28）：125.

智慧景区的建设步伐。要鼓励支持景区运用数字技术充分展示特色文化内涵，与景区当地文化结合，打造数字展览馆。

### （三）信息化旅游平台

当前，国内部分景区已经成功创建了信息化旅游平台，利用信息技术打造了具有景区特色的数字旅游平台。这些平台不仅为当地旅游业进行了有效宣传，更是"云数智"旅游的成功实践。信息化旅游平台主要包括两部分：客户应用平台和旅游导航、旅行指南及评估模块。客户应用平台可用于推广和营销旅游产品，通过智慧旅游的信息技术，将旅游线路以虚拟现实的形式呈现给游客，让他们能够提前感受景区的魅力，激发他们的旅游欲望。这些信息化旅游平台还可以利用先进的虚拟现实技术，为游客提供沉浸式的旅游体验。游客可以通过数字平台预览景区的美景和特色，仿佛身临其境。这种直观、生动的展示方式，不仅增强了游客的旅游体验，还能有效吸引更多游客前往景区，提升了景区的知名度和吸引力。旅游导航和指南模块通过提供详细的旅行路线、景点介绍和评价，可以让游客更好地规划自己的行程。这些模块结合了定位技术和实时数据，能够提供精准的导航服务，帮助游客在景区内顺利游览。同时，游客还可以查看其他游客的评价和建议，获取更全面的信息，从而提升旅行体验。为了进一步推广智慧旅游，景区需要加大宣传力度，利用多种渠道进行推广。通过社交媒体、旅游网站和移动应用等途径，景区可以让更多游客了解并使用信息化旅游平台。这不仅能提高游客的满意度和忠诚度，还能推动景区的可持续发展。信息化旅游平台通过数字化手段，将景区的资源和服务整合在一起，为游客提供了全新的旅游体验。这种结合了现代信息技术的旅游模式，不仅提升了游客的满意度，还为景区的宣传和营销开辟了新的途径。未来，随着技术的不断进步，信息化旅游平台将发挥越来越重要的作用，推动旅游业向更加智能化、个性化和高效化的方向发展。

### （四）信息化支付方式

信息化支付是目前社会比较流行的一种支付手段，在许多领域，信息化支付已经取代了纸币，人们比较常用的信息化支付为"微信"支付、"支付宝"支付等。在旅游领域，除了要运用以上这些比较常用的支付方式，还要大力开发其他类型的信息化支付方式，为游客提供便利。

要加强落后地区、偏远地区的基建设施建设，打造全方位、宽领域、全覆盖的信息化支付网络，为游客扩大信息化支付活动的效用范围，将网络信号覆盖至更远的距离，这既为人们提供了极大的便利，又促进了信息化旅游产业的全面发展。要推进信息化支付与金融等其他领域的结合，缩短交易时间，简化交易流程，扩大交易范围，让游客在任何旅游目的地都能够实现信息化便捷支付，获得极佳的旅游体验。

## 二、完善旅游业服务体系

旅游业，是社会上最重要的休闲娱乐行业之一，这就要求旅游业必须具备完善的服务体系，只有完善的服务体系才能让游客时刻拥有良好的游玩体验，从而促进行业的发展。在旅游业信息化转型的今天，人们除了要注重"云数智"元素在旅游业中的全面应用，也要兼顾服务体系的构建。

### （一）公共服务平台

要打造"云数智"公共服务平台，"云数智"公共服务平台的开发是旅游产业发展的核心关键，是保证旅游信息化进程正常推进的控制中心，需要多方协调、共赢合作。

打造公共服务平台，要以游客为中心，以游客的需求作为根本导向，利用信息技术，在更宽广的领域探索游客在旅游过程中的兴趣点与关注点。同时，相关部门要大力发挥移动端的便捷性优势，以各景区的主要特色为主体，在各社交软件与应用平台发布宣传信息，并为用户提供免费答疑和咨询服务，从而拓展旅游产业的公共信息服务维度。

另外，物联网、全球定位系统以及可视化智能系统的应用同样重要，要尽快加强旅游产业与城市建设的融合，开发具有自动导游作用的移动APP，服务追求自由化旅游的消费者。

### （二）景区服务能力

在"云数智"旅游业发展的背景下，景区内部的综合服务能力与服务水平也要不断加强。要做好景区相关信息的重新整合，工作人员要对数据库进行全面审核与分析，对其中具有重要作用的数据进行分析，并整合保存，游客在需要时，可以根据实际情况提供相关的数据服务。要完善景区网络服务平台，并以门户网站的完善体现出这方面的努力，网站中的服务要全面化、多样化，包括景区门票的预定、景区信息的公开、特色旅游的推荐等，这一方面如果能被不断完善，就能够直接提升游客的旅游满意度。要完善游客所使用的模块功能，从应用层面来看，为游客提供更多的个性化服务，也有助于吸引更多游客，促进行业发展。

### （三）私人服务设计

旅游产业发展到 21 世纪，相较于传统旅游业已经发生了许多变化，这种变化不仅体现在旅游业本身，还体现在游客群体对旅游活动的追求上。如今的游客以"80 后""90 后"为主要群体，这一人群更加注重旅游的个性化，希望能够打造自己专属的个性化旅游方案。为了迎合如此庞大的消费群体，旅游业应当以"云数智"技术为助力，实现私人服务设计转型，即根据游客的特点与偏好，为他们定制特殊的旅游方案。

要全力打造以服务为核心的私人旅游设计，利用人机交互优势，为游客提供灵活多样的旅游产品，以供他们选择。例如，景区可以提供拥有私人服务的旅游景点信息，让旅游者可以根据自己的兴趣进行选择，确定行程时间，还可以让游客根据自己的兴趣选择路线规划，同时为游客提供多种选择方案。

## 三、加快旅行社创新转型

在旅游业的发展中，旅行社具有不可忽视的主体性作用。随着旅游业的不断发展，传统旅行社已经不能完全满足信息时代下人们的旅游需求，需要创新转型。在目前的智慧旅游管理时代，智慧旅游更具先进性、管理的精细性以及人员配备的合理性，旅行社也应当随之找到相应的创新性策略。

### （一）提升旅游产品质量

旅行社的旅游产品一般包括旅行方案、旅行产品、导游服务等，也包括门票、车票、机票的代订业务，总之涵盖了旅行活动的方方面面。所以，旅行社的创新转型必须从多方面入手，要整体提高旅行产品的质量。如今，人们的生活水平越来越高，经济状况持续向好，经济因素已经不是限制人们消费的主要问题，人们也有了更强的消费能力，所以旅行社有必要提升旅游产品质量，做好旅游产品的创意性研发。旅行社应该以提供针对性服务型设计为理念，不断促进旅行社服务质量的提高，或者打造旅行社独有的门户网站，在网站上进行旅行社宣传活动，广泛吸纳外界意见，以促进自身产品质量的不断提升。

### （二）鼓励旅游行业竞争

有关部门要倡导旅游行业的内部竞争，各旅行社也要努力培养竞争意识。在发展的时代，没有竞争就没有进步。旅行社在转型发展的过程中，不论是对公司内部员工之间的服务绩效竞争，还是对外部的旅行社与旅行社之间的服务竞争，都应不断鼓励和倡导。只有这样，旅行社的各项服务才会被不断地完善，各项基础设施才会在经济发展以及科技进步的过程中不断得到改进，旅行社的服务水平才能不断得到提高。

### （三）开发旅游多元营销

传统营销策略一般是在固定的区域内进行宣传推广，受区域或专业领域的限制，营销的范围不够广泛。如今在信息技术的加持下，旅行社在推广业务时可以选择的方式方法也变得更加多样，人们应当加快转变推广营销方式，运用多元化手段，让更多的受众了解旅行社相关的信息，以提升其社会知名度。

对游客而言，旅行的重点在于体验感，旅行社可以从这一点入手，打"体验牌"，凸显旅行社对游客的用心服务，以游客的体验为服务宗旨，以吸引游客，实现营销转型。

旅行社还可以将特色线路作为卖点进行推广营销。如今的游客多数为年轻人，他们除注重服务与体验之外，还追求个性，追求标新立异。旅行社可以抓住这一方向，进行大力创新，全力开发特色化旅游线路，以丰富固有的传统旅游方案，以此吸引游客。

此外，旅行社也可将自身的专业性作为吸引游客的"招牌"。旅行社应当强化员工专业素养，定期组织员工进行集中培训，提高他们在导游领域的专业化水平，将导游的专业性作为旅行社的最大特色，以专业的导游团队吸引游客，打造全新的"吸引式营销"。

## 四、加强政府引导管控职能

旅游经济是我国社会整体经济所包含的重要组成部分，其发展与政府的引导与管控息息相关，换言之，政府对旅游业的发展与转型起主导作用，包括推动、协调、管理等多种作用。所以，要想实现"云数智"旅游业的转型发展，政府的参与是必不可少的。

### （一）政府加大"云数智"旅游业的扶持力度

在互联网时代，信息技术是一切产业发展与革命的核心，"互联网+"

行动计划也是我国现代化发展的重要战略方针，是目前我国传统产业向信息化与智能化转型的重要基础。不过，国内诸多产业尚未完全实现转型，旅游业的转型也面临一些社会性困难与技术性困难。

为了促进"云数智"旅游业的快速转型发展，政府应当起到表率作用，以保证旅游业的良性运转。中央与各级机关单位要加大对"云数智"旅游业发展的资金投入，资金是产业升级与转型的物质保障，缺乏资金的供给，任何转型都只能是"空中楼阁"。

当然，这并不意味着政府要全部"包管"所有的旅游企业，而是要先进行筛选，对符合相关标准的优秀旅游企业予以资金方面的支持。如果是比较落后的旅游企业，政府可以帮其举办论坛交流会，助力他们在不断地交流学习中找到创新的灵感。例如，政府可以牵头发展部分优秀旅游企业的信息化建设，与社会中比较知名的信息公司达成合作，并帮助旅游企业负担部分经费，或者在旅游企业需要之时，帮助他们降低贷款利率。又如，各级政府也可以根据各地发展的实际状况，合理安排城市信息化建设步伐，保证资源的高效使用。

### （二）政府发挥对于"云数智"旅游业的引导职能

"云数智"旅游业转型过程中，企业应当积极地与当地政府开展合作，双方需要就旅游开发与转型的问题达成一致，进而充分发挥政府在旅游业创新转型过程中的重要引导职能。

要进一步提升对于各地区经济发展的统筹协调，提高对旅游经济的重视程度，真正认清旅游业对于地区经济发展的重要作用，将其作为地区经济发展与转型的重要推动力。

要助力区域旅游经济特色化发展，帮助区域旅游企业找到适合自己发展的特色路线，在保持特色的基础上，将特色的优势逐渐扩大，并推出一系列优惠政策。

要定期为旅游产业传播与"云数智"相关的产业资讯，助力偏远地区旅游产业真切意识到信息技术与旅游活动相结合的重要性。同时，呼吁和号召信息企业与旅游产业共同举办交流讨论会。总之，旅游业的信息化转型应成为产业发展的必然趋势，政府要在产业改革的浪潮中发挥长效引导作用。

## 五、增强基础性交通建设

区域基础性交通建设对"云数智"旅游业的发展具有重要影响，区域经济情况较好，各项基础设施比较完善，对于旅游业的发展会有明显的促进作用。如果区域经济水平比较落后，交通较差，则会极大影响游客数量，从而使区域旅游业的经济收入变低。城市交通的发展状况决定了该地区旅游消费者的心理体验以及其后续对旅游目的地的选择。所以，人们有必要为区域交通建设做出更多努力。

要完善区域交通建设，交通是发展旅游业的基础，畅通的交通是游客顺利前往景区的前提，有关部门要把完善交通摆在区域发展的重要方位上。各地区的路段养护和路段维修，要尽力加快进程；对于通往景区的"烂路""坏路"，要及时修补；对于路况复杂的交叉路口，要及时进行改建或完善交通信号灯系统，预防交通事故的发生，增强交通安全性。

要开发区域信息化旅游班车，带动当地旅游业发展。目前国内许多地区都在景区周边安排有一定数量与班次的旅游巴车，这在一定程度上促进了当地旅游经济的发展。但是许多地区的旅游班车数量少，等候时间长，这些也是令许多游客"头疼"的问题。人们应当根据当地实际情况增加旅游班车数量，减少游客等待时间，以带动旅游产业发展，并利用信息技术，在班车中安置小型电视，对周边景区进行宣传，达到激发旅游情绪的目的。同时，政府还可以在区域旅游官网平台增加"班车模块"，游客可以运用移动智能终端在官网平台查询班车的实时情况，从而合理安排自己的出行时间。

要完善旅游区域交通监控设施。在旅游旺季时，景区接待人次明显增多，甚至会超出景区最大游客承载量，这就给景区周边增加了很大的交通安全隐患。政府应当以信息技术为依托，在景区周边区域与事故多发地设立更多智能化安全警示牌，示意游客在自驾时低速行驶，同时增设智能电子眼，加强信息化安全巡逻与安全监控。

## 六、大力研发"云数智"技术

"云数智"旅游业转型发展需要应用大量新兴信息技术，所以这些新兴的信息技术的研发必然是旅游业创新的重点环节，如今国内的"云数智"技术已经取得了一些成绩，但是部分技术仍然有很大的发展空间，与旅游业结合的程度也需要持续加深。

### （一）聚焦"云数智"技术不断推进科研事业

要聚焦"云数智"技术，夯实筑牢科技创新的"根基"。如果把"云数智"旅游业的发展历程比作一次跳高，那么"云数智"技术就相当于"深蹲"环节，只有"蹲得深"，才能"跳得高"，才能在旅游业创新转型中取得更好的成绩。

要呼吁企业与社会各界力量共同参与"云数智"技术研发工作，助力科研人员的技术研究，从多方渠道为科研人员筹措充足的经费，帮助他们做好科研的后勤保障工作。政府还要加大与"云数智"技术发展相关的财政拨款力度，除帮助相关企业做好社会呼吁工作，让更多社会力量为信息技术的发展蓄力外，各级政府也要尽己之力，帮助科研机构进行大量研究。"实践出真知"，只有经过大量反复实践，才能够获得科研领域的突破。

要瞄准科技创新的"着力点"，认清我国正处于生产方式大幅转变的现代化社会这一现实情况，持续优化经济结构，努力解决产业基础与产业链条薄弱的问题。要增强"云数智"技术现代化开发转型的抗压能力与抗风险能力，因为科研的发展与转型需要进行无数次全新的尝试，在尝试中总会出现难以预料的突发情况。

### （二）激发"云数智"技术科研人员内生动力

高新技术科研人员是新技术不断取得突破的活力源泉，而他们的内生动力，是提升科研成功率，提高他们工作积极性与主动性的法宝。纵观全球，我国的科研人员数量为世界之最，所涉及的领域亦十分广泛，近年来，国内大力提倡发展科研，我国的科研人数因而有了一次又一次的提升，庞大的科研群体为人们提升新时代"云数智"技术水平提供了坚实的保障。所以人们应当深化改革，大幅调动科研人员的工作积极性，增强其科技创新的内生动力。

要提高科研工作人员的福利待遇与工资待遇，解决他们的后顾之忧，让他们将更多的精力放在科研工作之上，以加快"云数智"技术的发展进度。近年来，各种新兴行业如雨后春笋般逐渐增多，许多行业的收入比科学研究要高，这无疑会增加科研人员的负面情绪，所以提高他们的相应待遇也势在必行。

要开设科研人员的评比、竞赛等活动，参与活动并取得优异名次的人员可以获得相应的奖励，以此来大幅提升他们工作与创新的积极性。在往常的科研工作中，无论工作者出多少力，做多少事，工资待遇都不会有太大差别，如今各种活动越来越多，给优秀的科研人员提供了更多展示自我的平台，不仅能够让他们赢得自己应有的奖品、奖金等物质性奖励，还能够提升他们的成就感，让他们更乐于从事科研行业。

要简化科研人员的晋升通道，完善各项资质的参评环节。作为一项事业，信息技术科研活动需要科研人员付出大量的时间，而这些时间往往是以"十年"为单位来计算的。在漫长的职业生涯中，任何一位从业者都需要参与晋升、考评等活动。由于等级、资质的区别比较严格，晋升等一系列活动比较烦琐，这往往会耗费科研人员的大量心血。所以要简化各类表格和参评环节，减轻其参评负担，让科研人员有更多时间和精力潜心研究。

要弘扬科学家精神，提高社会对科研人员的认可度，让科研人员感受到比以往更多的关心与尊重，从而提升他们的工作热情，真正热爱自己的事业，便能够在之后的"云数智"技术科研创新中取得更多的突破。

### （三）开展"云数智"技术国际科研交流活动

"文明因交流而多彩，文明因互鉴而丰富"，如今在信息技术的影响之下，各国与各国之间的距离被缩短，国际交流变得比以往任何时候都更加容易。在互动与和平成为时代主题的当今社会，人们应当善于与他国进行广泛的学术交流，积极举办科研论坛与讲座，以吸收外来优秀文化，为国内科研事业的发展与进步提供更多宝贵的能量。同时，"云数智"技术本就是21世纪的新兴技术，目前还处于不断的更新换代之中，人们更需要时刻把握时代脉搏，以清醒的头脑思考新兴技术发展的方式方法，与相关领域比较尖端的他国企业或科研机构建立广泛合作，以期实现共赢。

要拓展国际合作，由政府部门牵头，带领国内优秀的"云数智"科研企业与海外相关企业进行长效互动，在海外或国内召开座谈会，会议可以针对"云数智"技术的未来发展做出全面讨论。在一次又一次的讨论之中，人们必然能够发现更多适用于我国"云数智"技术未来发展的新方法。

要借鉴海外创新技术。对于科研事业来讲，创新性无疑是推动事业发展的"催化剂"，目前各国都已经认识到科研事业的重要性，并大力提倡产业创新。要擅长吸纳、博采众长，善于借鉴海外的创新技术。科研不是闭门造车，要积极主动融入全球的创新网络，在更高的水平与其他国家开展合作，提升产业的创新性，不断拓展新型技术，深化科技合作。

要鼓励"引进来、走出去"。经过多年发展，国内已经有大量的优秀科研人才，海外也有许多优秀的外界人才。要深化共建国际合作，开创人才交流新平台。既支持中国科技人员走出去，也进一步优化外籍人才服务，为各国科技人员来华交流、企业来华发展提供便利。

## 七、提升旅游从业人员对"云数智"技术的掌握水平

旅游从业人员是旅游事业发展的"主力军"，旅游事业的创新转型与不断发展都与他们的努力息息相关，如果没有全能化、规模化的旅游从业人员，那么"云数智"旅游业必将在进一步发展的过程中面临困难。所以人们必须提升旅游从业人员对"云数智"技术的掌握能力，以推进旅游事业的发展。

目前，我国旅游业在朝着"云数智"的方向快速转型并不断完善升级，这使旅游企业的传统经营模式不再适应快速发展的社会，经营模式必会随之发生变化。

而这一切，都给旅游从业人员提出了更高的要求。传统旅游从业人员只需要具备关于旅游的知识，具有一定的沟通能力和随机应变的能力，就可以基本胜任旅游相关的工作。如今，信息技术与旅游事业开始接轨，与旅游相关的许多事项都要借助"云数智"新技术进行解决。可见，新时代的旅游行业与各项"云数智"新技术紧密相连，如果从业人员不精通"云数智"技术，就必将与时代发展的方向相背离。

旅游从业人员要努力提升自己对智能化系统与设备的操作熟练度与掌握能力，把工作当成一项事业，而非一项任务，时刻抱着学习的态度去钻研信息技术。要时刻认清，如今的旅游事业不再是凭借一己之力就能单打独斗的，而需要人们以智能化设备为媒介，与他人进行协同合作，从而开创更加广阔的旅游事业发展领域。

有关部门要制定相应措施机制，以提高旅游从业人员学习"云数智"技术的积极性。要为旅游从业人员制订科学合理的晋升计划，对于具有一定的工作年限，并且工作能力比较突出的员工，要为其开通晋升通道，

只要能够顺利通过考核，就给员工在行业内获得资质提升的机会，考核内容可以包含旅游基本知识与"云数智"相关知识，以此提高从业人员的智能化工作能力。要组织社会中的旅游企业或相关部门共同举办竞赛平台，竞赛内容为"云数智"相关知识。

如此一来，各种各样的竞赛，也就给了旅游从业人员不断提升自己对"云数智"技术掌握水平的动力。

## 八、推进旅游市场深化改革

我国疆域辽阔、民族众多，壮丽的山川与秀美的溪流成为华夏民族的宝贵旅游资源。经过岁月的洗礼与朝代的更迭，我国的旅游文化已经成为一个不可多得的"文化宝库"。

在现代社会，旅游业已经成为深受国人追捧的行业之一，每年都有大量的群众选择在节假日出游，或三两好友，或举家前往，旅游已经成为人们生活的重要组成部分。进入信息时代，互联网技术迅猛发展，网络化时代给旅游业带来了新的挑战，也带来了新的机遇。为了促进当代"云数智"旅游业的全面转型与创新，人们必须认清形势，找准要点，大力推进旅游市场改革。

要让旅游企业成为旅游事业发展的主体，给旅游企业更多自由竞争的机会与权利。在现代化市场条件下，任何行业中的任何企业，一般都具有同等的竞争权利。但是在特殊情况下，部分行业应受到抑制，以保证社会的平衡与稳定。

要深化旅游业改革，促进"云数智"旅游业转型，让旅游企业能自由地选择自己的发展方式，无论是单纯的线上"云旅游"，还是线上＋线下的模式，都应当被鼓励，让旅游企业成为自己的"主人"，找到适合自己的发展方法。

要努力开拓多元化的营销渠道。在传统旅游业中，旅游企业的宣传推广媒介多为报刊、海报、电视广告等，此外，也包含旅游企业员工在商场中举办的小型宣传活动，以及上门推广等活动。以上这些传统营销模式效率较低、受众较少，旅游企业应当随着信息化时代的发展及时做出改变。要致力开辟全新多元化营销渠道，借助"云数智"技术的优势，实现更宽领域的全方位宣传。例如，创建旅游企业门户网站，在网站上发布与该企业相关的各项信息，包括企业的特色与优势，个性化旅游线路。又如，运用信息技术与其他旅游企业或机构建立联系，在网络上实时进行与游客的交流与沟通，帮助游客制订符合其要求的个性化旅行方案。

# 第七章　旅游业商业模式调整与组织变革的示范推广

## 第一节　生态旅游示范区推广

### 一、生态旅游示范区的相关概念

生态旅游示范区，一般是指国家生态旅游示范区，在旅游业商业模式快速转型的当代社会，发展生态旅游示范区具有十分重要的现实意义。想要推动旅游业的转型发展与持续发展，建立生态旅游示范区的重要性不言而喻。

#### （一）生态旅游示范区的内涵

关于生态旅游示范区的定义，学界的看法基本类似，只是在表述上稍有不同。

1.生态旅游示范区的定义

陈小龙与叶持跃等人在《中国国家生态旅游示范区空间分布特征研

究》中，认为国家生态旅游示范区是在生态旅游示范区中经过一定评判标准、优中选优后确立的，以保护自然环境与人文生态的可持续利用为目的，来促进环境、社会和经济的和谐发展的旅游区域。

此外，也有部分国外学者对生态旅游有所研究，多数学者认为生态旅游是一种促进当地经济发展和环境改善的旅游模式，具有很明显的可持续发展的特点。

目前，我国多数学者一致认为，生态旅游示范区是管理规范、具有示范效应的典型，是经过有确定标准的评定程序后，具有明确地域界线的生态旅游区，同时是全国生态示范区的类型或组成部分之一。

生态旅游示范区的核心因素与关键内涵是生态旅游。生态旅游，指以可持续发展为理念，以保护生态环境为前提，以统筹人与自然和谐为准则，并依托良好的自然生态环境和独特的人文生态系统，采取生态友好方式而开展的生态体验、生态教育、生态认知旅游活动，并能使游客获得身心的愉悦。

2.生态旅游示范区的类型

根据不同生态旅游示范区的地理环境、气候特征、人文特色，可将其大致分为七种类型，分别为山地型、森林型、草原型、湿地型、海洋型、沙漠戈壁型、人文生态型，如图7-1所示。

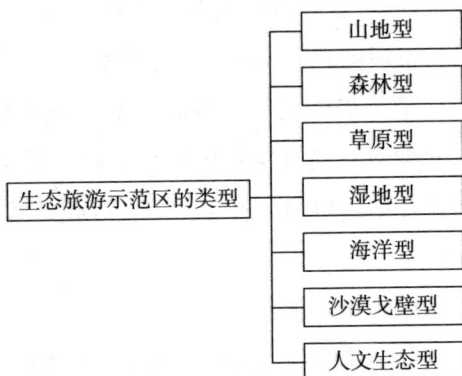

图7-1 生态旅游示范区的类型

（1）山地型。山地型生态旅游示范区的周边环境以各种山地为主，非常适合人们在此开展科考、登山、探险、攀岩、观光、漂流、滑雪等活动。该类型旅游区往往以独特的山地资源吸引游客，其中许多景区还有深厚的人文底蕴。

由于山地型生态旅游示范区的地形条件比较复杂，可开发与建设的潜能较小，因此国内许多山地景区相较于其他类型的景区保持着更多的原生态景观。据统计，我国的山地、丘陵、高原占据全部国土面积的69%，接近七成，如此丰富的山地资源为人们积累了无数宝贵的山地景观。纵观历史，无数文人墨客都曾在祖国的名山大川之间留下过宝贵的诗词名篇。

（2）森林型。森林型生态旅游示范区，是以大量植被所在的生长环境为主体空间建设而成的生态旅游区，该类旅游区包括大面积的竹林、竹海等区域，十分适合开展科考、野营、度假、温泉、疗养、科普、徒步等活动。最早开展森林旅游的国家是美国。19世纪70年代，美国就已经出现了现代意义的森林旅游。如今，我国的森林旅游发展十分迅速，越来越多的森林型生态旅游示范区开始建立，这标志着我国的旅游事业不断朝着完善化、全面化的方向迈进。由于森林型生态旅游示范区地形错综复杂，游客容易迷路，因此旅游业有自己的"三大纪律"与"八项注意"。"三大纪律"指切忌单独进入未经开发的原始森林，不能随意采集标本、品尝野果，不能随意砍伐树木、遗弃废物等。"八项注意"指应提前查清最佳旅游时节，提前制订完整的游览方案并安排游览时间，寻找当地向导带路，穿便于在丛林穿行的服饰鞋帽，要掌握基本的野外常识，要懂得辨别能够食用的植物，若遇暴雨要寻找开阔的坪子以防雷击，随身携带功能型器具。

（3）草原型。草原型生态旅游示范区，是以草原为主要旅游景观建设而成的生态旅游区，人们主要在草原环境开展各种各样的体育活动、民俗活动、节庆活动。目前，我国草原的分布范围比较广泛，比较著名的有若尔盖草原、巴音布鲁克草原、呼伦贝尔草原、那拉提草原、锡林郭勒草原、伊犁草原、川西高寒草原、那曲高寒草原、祁连山草原、巴里坤草原、希拉穆仁草原、空中草原、热尔大草原、马兰花草原、红原大草原、达通玛草原、海拉尔草原、毛垭大草原、龙里大草原、克什克腾大草原等。

（4）湿地型。湿地型生态旅游示范区，是由水生与陆栖生物及其所在的生态环境共同构成的，以湿地为主的生态旅游区。湿地型生态旅游示范区主要指内陆湿地与水域生态系统。内陆湿地有 20 个类别，如永久性内陆三角洲、永久性河流、时令河、湖泊、时令湖、盐湖、时令盐湖、内陆盐沼等；水域生态系统指水域中由生物群落及其环境共同组成的生态系统，包含生物部分和非生物部分。这类生态旅游区十分适合开展科考、观鸟、垂钓等活动。

（5）海洋型。海洋型生态旅游示范区，是以海洋、海岸生物及其生长环境为主要景观而建设的生态旅游区，主要包括海滨、海岛等区域，适宜进行海滨度假，开展海上冲浪、潜水、观光等活动。

（6）沙漠戈壁型。沙漠戈壁型生态旅游示范区，是以沙漠、戈壁，或相关地区的生境为主要景观而建设的生态旅游区。我国沙漠的总面积为 130 万平方千米，约占据我国国土总面积的 13%，我国面积最大的沙漠是塔克拉玛干沙漠，其余面积较大的有古尔班通古特沙漠、巴丹吉林沙漠、腾格里沙漠、柴达木盆地沙漠、库姆塔格沙漠、乌兰布和沙漠、库布齐沙漠、毛乌素沙漠、浑善达克沙地等。在沙漠戈壁型生态绿旅游区，比较适合开展观光、探险、科考、越野、穿越等活动。

（7）人文生态型。人文生态型旅游示范区，是有突出的历史文化传统的人文景观的生态旅游区。这类区域主要适于开展历史、文化、社会学、人类学等学科的综合研究，以及开展适当的特种旅游项目。

## （二）生态旅游示范区的发展

2013 年 12 月，文化和旅游部、环保部（现生态环境部）公布了2013 年国家生态旅游示范区名单，共 39 家，如表 7-1 所示。

表7-1  2013年国家生态旅游示范区名单

| | |
|---|---|
| 北京市 | 南宫国家生态旅游示范区 |
| | 野鸭湖国家生态旅游示范区 |
| 天津市 | 盘山国家生态旅游示范区 |
| 上海市 | 明珠湖·西沙湿地国家生态旅游示范区 |
| | 东滩湿地国家生态旅游示范区 |
| 重庆市 | 天生三桥·仙女山国家生态旅游示范区 |
| 内蒙古自治区 | （兴安盟）阿尔山国家生态旅游示范区 |
| 辽宁省 | （大连市）西郊森林公园国家生态旅游示范区 |
| 吉林省 | （长春市）莲花山国家生态旅游示范区 |
| 黑龙江省 | （伊春市）汤旺河林海奇石国家生态旅游示范区 |
| | （哈尔滨市）松花江避暑城国家生态旅游示范区 |
| 江苏省 | （泰州市）溱湖湿地国家生态旅游示范区 |
| | （常州市）天目湖国家生态旅游示范区 |
| 浙江省 | （衢州市）钱江源国家生态旅游示范区 |
| | （宁波市）滕头国家生态旅游示范区 |
| 安徽省 | （黄山市）黄山国家生态旅游示范区 |
| 福建省 | （南平市）武夷山国家生态旅游示范区 |
| | （龙岩市）梅花山国家生态旅游示范区 |
| 江西省 | （上饶市）婺源国家生态旅游示范区 |
| | （吉安市）井冈山国家生态旅游示范区 |
| 山东省 | （烟台市）昆嵛山国家生态旅游示范区 |
| 河南省 | （焦作市）云台山国家生态旅游示范区 |
| | （平顶山市）尧山·大佛国家生态旅游示范区 |
| 湖北省 | （十堰市）神农架国家生态旅游示范区 |
| 湖南省 | （长沙市）大围山国家生态旅游示范区 |
| | （郴州市）东江湖国家生态旅游示范区 |
| 广东省 | （韶关市）丹霞山国家生态旅游示范区 |

| 广西壮族自治区 | （贺州市）姑婆山国家生态旅游示范区 |
|---|---|
| 四川省 | （西昌市）邛海国家生态旅游示范区 |
|  | （巴中市）南江光雾山国家生态旅游示范区 |
| 贵州省 | （黔南州）樟江国家生态旅游示范区 |
|  | （毕节市）百里杜鹃国家生态旅游示范区 |
| 云南省 | （西双版纳傣族自治州）野象谷国家生态旅游示范区 |
|  | （玉溪市）玉溪庄园国家生态旅游示范区 |
| 陕西省 | （西安市）世博园国家生态旅游示范区 |
| 甘肃省 | （甘南州）当周草原国家生态旅游示范区 |
|  | （兰州市）兴隆山国家生态旅游示范区园 |
| 宁夏回族自治区 | （中卫市）沙坡头国家生态旅游示范区 |
| 新疆生产建设兵团 | 五家渠青湖国家生态旅游示范区 |

2017 年，我国国家生态旅游示范区已增至 72 个，相关旅游区都配备了大量专业工作人员，他们除日常维护景区的基本设施，做好基本的统筹工作外，在旅游旺季也肩负着知识讲解的任务，为旅游区的知识科普与宣传贡献力量。

进入 21 世纪的第三个十年，国内各省市自治区对于生态旅游示范区的重视程度不断加深，也因此，生态旅游区成为广大群众十分乐于前往的旅游区域。

## （三）生态旅游示范区的建设意义

打造生态旅游示范区是时代的呼唤，是旅游行业发展到一定阶段的必然要求。在 21 世纪，生态环境的保护与社会的可持续发展成为社会各界关注的重要话题，而生态旅游示范区对于环境保护具有重要意义。优美的自然环境能够成为开发与构建生态旅游项目的基础，与之相应的大量高质量的生态旅游示范区建设对环境的保护也具有很强的促进作用，这些高质量的生态旅游示范区不仅具有保护资源的社会宣传效应，还具有引领与导向的作用。如果将生态旅游示范区视为"榜样",那么,"榜样"就能带动更多旅游区朝着生态旅游示范区的方向发展。当代社会打造生态旅游示范区的主要意义与价值包含以下几点。

### 1.打造生态旅游示范区有助于保护生态环境

地球是人们赖以生存的家园,而生态环境则是人类能够持续发展的根本前提与基本保障,在脱离生态环境的基础下谈论发展无疑是不切实际的。近年来,各国为了大力发展经济,促进社会各领域快速发展,对生态环境造成了不同程度的破坏。随着人们观念意识的转变,可持续发展已经成为新的发展目标,一味地追求高效率的经济发展已不再适应如今的社会情况。而打造生态旅游示范区无疑是保护生态环境的重要手段。生态旅游示范区一般由文化和旅游部、生态环境部共同审批,可见,生态旅游示范区具有很强的权威性。当某一景区受到各部门高度关注,并被设立为生态旅游示范区后,它就将受到强力保护。有关部门为了完成相应的目标,达成生态指标,需要对示范区制定丰富的整改措施机制。例如,有关部门会为生态旅游示范区构建复杂严密的生态体系保护网,从多方面共同着手以确保示范区的生态稳定。又如,生态旅游示范区内每年都会有定期的审查与巡视,这也确保了工作人员会悉心保护示范区的生态系统。

### 2.打造生态旅游示范区有助于发展当地经济

国内绝大多数风景优美的观光区在地理位置上都比较偏僻,这就意味着,当地的交通受地理环境的制约而不够发达。因此当地虽然具有发展旅游经济的潜力,但是并未受到相关部门的重视,开发活动受到抑制,当地经济自然也没有明显的起色。而打造生态旅游示范区对发展当地经济具有明显的帮助作用。某一旅游区被设立为生态示范区,也就意味着该区域将被纳入国家级旅游示范区的统筹发展规划之中,当地政府会吸纳周边力量,共同为打造生态旅游示范区而赋能,当示范区打造完成之后，景区的配套设施、游览项目都将焕然一新，比往日更加丰富。这势必会吸引大量游客前来游玩，游客越来越多，当地的经济就会得到更好的发展。

3. 打造生态旅游示范区有助于强化生态宣传

打造生态旅游示范区的主旨，是发展生态文明，打造可持续的生态景观，因此这一构建过程是可持续发展思想的集中体现。我国人口众多、疆域辽阔、资源总量丰富，而人均资源匮乏也是不争的事实，这就更需要人们大力宣传可持续的生态发展理念，改变传统发展模式。而生态旅游示范区就是可持续发展的实践，在可持续发展的理念主导下，生态旅游示范区的打造能够起到强化生态宣传的作用。例如，构建生态旅游示范区过程中所张贴的生态宣传标语，可以强化居民的环保意识；政府在门户网站发布的生态旅游建设规划，可以让人们了解到相应的建设情况；等等。

4. 打造生态旅游示范区有助于丰富旅游体验

生态旅游示范区要求突出生态环境周边的生态特色，不同的景观与环境会使当地形成不同的旅游传统。例如，山地型生态旅游区适宜开展科考、登山、探险等活动；海洋型生态旅游区适宜进行观光、潜水、冲浪等活动；森林型生态旅游区适宜进行野营、徒步、疗养、泡温泉等活动。总之，打造生态旅游示范区，能够为景区原有的旅游项目与内容增添更多的新奇体验，让游客更加充分地享受清新、轻松、舒畅的自然与人和谐相处的气氛，让游客探索和认识自然，提高健康水平，陶冶情操，接受环境教育，享受自然和文化遗产等。

5. 打造生态旅游示范区有助于增加就业岗位

打造生态旅游示范区，能够让往日荒废的景区焕然一新，"摇身一变"成为全新的生态景观。

一方面，它能够吸引大量游客前来游览，增加当地的人流量。

另一方面，充足的人流量也是开展各种旅游辅助商业活动的基础。例如，生态旅游示范区需要有充足的商贩摊位，以满足游客衣食住行的需求，而这些都可以为当地群众的创造就业机会。

久而久之，发展生态旅游，就可以让人们充分利用生态优势，依托旅游资源的吸引力，发挥创新意识，创造机会，开辟出更多的就业岗位，为人们提供更多就业机会。

6.打造生态旅游示范区有助于升级旅游产业

生态旅游作为一种低消耗、低污染、低投入、高效益的无烟产业和朝阳产业，对旅游产业的转型升级发挥着积极作用。发展生态旅游，有利于实现旅游业的整体转型，促进旅游业由资源消耗型转变为资源节约型产业。

## 二、生态旅游示范区的推广路径

在社会主义新时代，和谐社会需要发展和谐产业，各行各业都要在顺应自然、保护自然的前提下进行发展，旅游业当然也是如此。发展生态旅游是建设社会主义生态文明的呼唤，是时代发展的必然要求，已经成为我国经济社会可持续发展战略与基本国策的重要组成部分。目前，我国的生态旅游示范区建设进入白热化阶段，各省市都在努力推动景区的可持续发展，以期为保护生态环境出一份力。在生态旅游示范区的未来发展与推广过程中，以下几点十分重要。

### （一）做好生态旅游示范区专项规划

生态旅游示范区的建设，是生态旅游与可持续发展理念的有机融合，在生态旅游区中，可持续发展永远是第一位的，生态环境永远是保护的重点环节，任何会对环境产生破坏的行为都应当被杜绝，所以对生态旅游示范区的明确专项规划是必不可少的。

应当加快生态旅游示范区的景区建设与推广工作。在任何景区之中，科学合理的景区规划，完善的景区建设都是给游客带来良好游览体验的前提，要以项目为抓手，大力开展招商融资，吸引外来资金流入，以建设和完善生态景区。例如，以外来融资助力生态景区的生态文化体验园、生态文化长廊等的建设。

要加快景区的形象建设，良好的形象能够起到很好的推广作用，生态旅游区的亮点是生态环境，要打造生态名片，突出景区的生态特色。例如，征集广告语，以优美的词句做好生态旅游示范区的宣传与推广工作。

### （二）遵循生态旅游示范区优化原则

生态旅游示范区的打造与推广需要遵循特定的原则，主要包括整体发展原则、生态优先原则、容量控制原则。

要将生态景区看作一个统一的整体，生态景区一般都具有比较庞大、复杂、系统的生态网络，在该网络里面，一切的动植物都处于一种相对平衡和稳定的状态。所以，在发展生态景区时要从整体着手，要具有宏观性、整体性的思维与理念，统筹景区各个环节实现整体发展。如果只着眼于生态旅游区的某一部分，或许能够实现生态景区中某一方面的发展与推广，但是其他环节很可能会被忽视，导致生态景区的协调性被打破。

要把生态二字作为发展与推广生态旅游示范区的核心与关键，生态是生态旅游的优势，缺乏生态特色的旅游与常规意义的传统旅游并无明显的差异。所以，有关部门在实施相应的措施时，要以保护生态为第一要义，只有生态条件越来越好，景区的内在潜力才能被激发出来。如果为了一时的利益而忽视了生态环境，则违背了可持续发展的观念。

要在生态旅游示范区可承受的强度范围之内进行发展，生态环境是脆弱的，对其进行开发很容易使其受到不同程度的损毁。对此，人们必须坚持容量控制原则，也就是把资源的开发与利用控制在一个预先设定好的容量之内，绝不能超过这一阈值。只要把生态景区发展的容量控制在合理的限度之内，就能够在保证旅游区生态环境稳定的前提下实现高效发展。

### （三）尊重生态旅游示范区地区习俗

生态旅游区具有优质的自然生态条件，并且往往处于地理位置比较偏远的地区，而偏远地区多是农村或少数民族聚居区域，在这些区域必然有大量的传统文化与传统习俗留存。在开发生态旅游示范区时，一定要尊重当地的习俗，在充分了解当地习俗之后，再制定当地的发展规划，以防对当地人民的正常生活造成不良的影响。例如，不应当随意建造设施，而要与当地的居民进行协商，双方达成一致之后再开展之后的工作。此外，关于生态旅游示范区的推广活动也需要预先征求当地居民的意见，许多旅游企业为了开发景区，为了巨额的经济收益，所宣传和推广的内容或许与实际情况有所不符，这给当地居民带来了不少麻烦。所以，有关部门要对生态景区的推广宣传活动进行监管，要在不影响当地居民正常生活，不违背当地习俗的情况下进行宣传。

### （四）实现生态旅游示范区网络推广

为了做好生态旅游示范区的推广工作，人们还要巧妙运用网络技术。在信息时代，网络技术能够为宣传推广活动赋能，极大地提升信息和资源的推广效率。

首先，要开发搜索引擎推广。搜索引擎，是人们运用互联网搜索信息时最常用的方式。只要打开电脑，或者打开任意的移动智能终端，都可以在任何应用与软件中进行搜索。要根据不同生态旅游示范区的推广需求，开展搜索引擎推广工作。例如，配合生态旅游示范区的关键词，经过一系列分析、统计，构建关键词信息优化服务，确保用户能够在使用互联网时通过关键词获知该生态旅游示范区的相关信息。

其次，要开发网络论坛推广。网络上的各大论坛是许多资深网民在网络上的必到之处，论坛上信息含量较大，一般涵盖社会中各领域各行业的实时资讯。在开发与推广生态旅游示范区时，人们应当学会运用网络论坛这一"法宝"，定期组织论坛专项推广，在论坛中发布具有吸引力的主题帖，以吸引大量网民"围观"，从而为生态旅游示范区提升热度。例如，在生态旅游区举办节庆活动，以特色的习俗或特色道具吸引游客，既能够提升游客游玩过程中的趣味性，还能够在短时间内提升社会关注度，极容易被各大媒体关注报道以及引发网友的自发传播。

# 第二节　文化旅游示范区推广

## 一、文化旅游示范区的相关概念

旅游活动发展了数千年，如今已发有多个分支，根据旅游活动的具体活动、具体目标的不同，具有不同类型的划分，如观光旅游、康养旅游、朝圣旅游、探访旅游、生态旅游、文化旅游等。其中，文化旅游是一个特殊的存在。文化旅游简称"文旅"，是一种以文化内涵为主体的旅行活动。如今，文化成为各国比拼综合国力的关键因素，是软实力的重要组成部分，文化旅游的重要性自然也不言而喻。而文化旅游示范区则是文化旅游目前发展建设过程中的重要项目。

### （一）文化旅游示范区的定义

文化旅游示范区，简单来说就是围绕文化旅游而建立的旅游示范区，该类型旅游示范区让游客在游玩过程中，除了能够感受到心情的放松与精神的愉悦，更能获得文化层面的涵养补充，要为游客提供充足的、丰富的获取文化知识的机会。在谈论文化旅游示范区的具体内容之前，先要解析何谓文化旅游。

### 1. 文化旅游的定义

关于文化旅游，旅游业以及相关领域的诸多学者给出了丰富的定义。有学者认为，文化旅游是以旅游文化的地域差异性为诱因，以文化的碰撞与互动为过程，以文化的相互融合为结果的旅游活动，具有民族性、艺术性、神秘性、多样性、互动性等特征。有学者认为，文化旅游泛指以鉴赏他国或异地文化为目的的旅游活动，主旨在于寻求与探索其他文化的内在精髓。笔者认为，文化旅游的重点在于文化，是拉近旅游者与旅游地文化的距离，获取旅游文化享受的一种旅游活动。

由于文化是一个涵盖范围十分广泛的内容，因此文化旅游也涉及很多方面。文化体系博大精深，自人类诞生之日起，文化便开始形成，并经过长期发展形成了丰富的体系。各国有各国不同的文化，各民族有各民族独特的文化，不同的活动、艺术也有不同的文化表现。因此，文化旅游是一个内容十分丰富的旅游形式。

### 2. 文化旅游示范区

文化旅游示范区，是以文化旅游为核心打造而成的，是具有一定的辐射效应与示范效应的重点旅游区，该类旅游区围绕区域特色旅游景点，推动文化旅游产业高质量发展。这要求人们大力传承与弘扬当地特色文化，构建生态文明与旅游文化协同发展的新体系。

在文化旅游示范区存在的景观为文化景观。文化景观这一词早在20世纪初就已经产生，代表人类所创造和遗留下来的产物，是由自然风光、田野、建筑、村落、厂矿、城市、交通工具和道路，以及人物和服饰等构成的文化现象的复合体，它能够深刻反映特殊地区的地理特征。文化景观的形成是一个十分漫长的过程，任何一个历史阶段的人类社会都会对这些文化景观有所影响。例如，不同时期的民族迁徙、大规模战争都对文化景观有过重要影响。

具体来讲，文化景观具有功能性、空间性、时代性、物质性、非物质性五大特点。

功能性，指无论文化景观经历过什么，也无论其现在是何种面貌，它都曾经影响人类社会的发展。例如，我国甘肃敦煌地区的阳关与玉门关景区虽然已经残破不堪，甚至已经难以辨认其原本的面貌，但是这并不影响这些景观曾经在历史上发挥的重要功能与作用，在文化的层面上，它们反映了古代西域贸易的繁荣景象。

空间性，指旅游景观占据一定的空间。既然作为实际存在的景观，必然要占据一定的空间，其空间有大有小，大至埃及胡夫金字塔，小至嘉峪关等地的小型烽燧，但是无论空间大小与否，空间性都是旅游景观天然固有的特性。

时代性，指旅游景观是时代的产物。纵观人类发展史，无论哪一时代都有大量的历史文物留存，而这些文物或遗迹都深刻体现了当时的时代特点。例如，在南北朝时期和隋唐时期，我国佛教盛行，当时山西地区、河南地区、陕西地区都留存了大量佛教造像，这些造像具有很明显的唐朝造像特点。又如，南宋时期我国江南一带经济富庶，留存了丰富的水乡建筑，这反映了当时富庶的社会环境。

物质性，指旅游景观是以物质形态为表现形式的，是看得见摸得着的物质实体，如人们能够亲眼所见、触手可感的建筑、园林、村庄、工具等，这也是最容易被理解和体会到的一个特性。

此外，旅游景观还具有非物质性的特点，也就是说旅游景观也有可能以一种不可被直接得见的非物质性的实体形式而存在，包括思想观念或文化艺术（如语言、法律、宗教、音乐等）。

### （二）文化旅游示范区的发展概况

近年来，我国文化旅游示范区发展得如火如荼，国内许多省份都十分重视文化旅游这一新兴的旅游产业模式。同时，多项信息技术成为发展文化旅游示范区的有力推手，为其发展有效赋能，起到了明显的促进作用。例如，许多地区为了宣传和发展当地的文化旅游示范区，特地在互联网平台开始门户网站，以景区为中心，发布相关的旅游咨询，并对文化旅游景区的文化内涵与历史知识加以详细介绍，向大众进行知识科普与旅游宣传。

2019 年 5 月 8 日，皖南国际文化旅游示范区上海旅游推介会正式举办，此次会议的主题为"美好大皖南，迎客长三角"。皖南，即我国安徽省南部地区，主要是指安徽江南地区，早在先秦时期这里就已经有古吴越民族世代居住。经过 2 000 多年的发展，如今的皖南地区共辖芜湖、马鞍山、铜陵、池州、黄山、宣城等六个地级市，十六个区，二十个县，还有一个县级市。皖南地区不仅自然资源丰富，具有充足的水资源、土地资源、物种资源，还具有历史悠久、内涵丰富的文化资源，如皖南宣城泾县的宣纸、宣笔，黄山毛峰、祁门红茶、太平猴魁，徽州腔、青阳腔、皮影戏，徽派民居、吊脚楼，等等。此次会议旨在研究皖南地区的文化元素，并为皖南地区未来的旅游事业发展建立文化旅游示范区，以寻找新的契机。

此次会议表示，安徽是美丽中国的一部分，具有多重旅游资源，是打造文化旅游示范区的先行区，在未来的规划中，必须针对皖南的旅游开发"下大力气"。

2020 年 1 月 13 日，山西省十三届人大三次会议在太原召开，此次会议的主旨为"扎实举措加快建设文化旅游强省"。众所周知，山西地区具有十分深厚的历史文化，山西古称"平城""云中"，曾为北魏、东魏的政治中心，唐太宗也曾起兵太原，因而山西也被称为"龙兴之地"。山西拥有悠久的历史文化底蕴，无论是戏曲文化、节令文化、剪纸文化，还是宗教文化、建筑文化，都是宝贵的文化资源与文化财富。会议表示，要推进山西地区文化旅游建设，推进黄河文化公园、中华长城博物馆、中太行国际旅游度假区等文旅功能区建设；再评选认定 100 个 3A 级乡村旅游示范村，培育一批"黄河人家""长城人家""太行人家"；开展"三大品牌建设年"活动，瞄准目标市场开展针对性营销；加快国家全域旅游示范区试点创建，抓好生态文化旅游示范区、文旅融合发展示范区和国家级文化生态保护实验区建设；提升五台山、云冈石窟、平遥古城的影响力，支持在云丘山、晋祠等景区创建 5A 级景区，推进重点景区提质升级工作；增强公共文化设施旅游功能，大力发展红色旅游，培育新业态；全面提升景区服务和环境的质量，加强旅游市场综合监管和专项整治。

2020 年 8 月 13 日，山东省政府批复并印发实施《山东省文化旅游融合发展规划（2020—2025 年）》（以下简称《规划》）。《规划》以新时代习近平同志社会主义思想体系为指导，深入贯彻习近平同志对于山东地区工作安排的重要指示，大力推动山东旅游产业发展与创新，争取打造"好客山东"升级版。《规划》预计将山东建设为济南—泰山—曲阜连接式文化旅游示范区，突出齐鲁文化，力图实现"串珠成线，连片成面"的效果。

此外，山东省济南市文化和旅游局也致力打造"泉城济南"城市文旅品牌。济南作为山东省内最具历史意蕴的文化名城，承载着齐鲁文化的主体内核，具有极其重要的意义。

济南市文化和旅游局从开展立体宣传、举办节会活动、实施精准营销三方面入手，为济南市文化旅游发展赋能。例如，举办中国（济南）自驾游大会、济南自驾旅游节、百万车友游济南等活动。

### （三）打造文化旅游示范区的意义

打造我国文化旅游示范区具有极其重要的现实意义，不仅对国内旅游行业的发展具有一定推动作用，还对带动区域经济，提升社会文化氛围，乃至提高人民群众对于本国文化的文化认同感具有很强的促进作用。

1.打造文化旅游示范区有助于发展旅游产业

旅游活动自古便已经存在，而现代旅游产业已经具有十分完备而多样的产业模式，依据旅游目的地不同的特点，以及游客旅游的不同目的，有各种各样的旅游方式可供游客选择，如以追求壮美景观的自然风光旅游，以追求畅快体验的游玩项目旅游，追求田园风光的乡村旅游，等等。如今，文化软实力成为国与国竞争的焦点，我国也在文化强国战略的指导下大力发展文化事业，以文化为核心而开展的文化旅游就成了旅游事业发展的重点。

在文化旅游活动中，文化是其灵魂，决定了旅游活动的根本特性，缺乏文化就无法开展真正意义上的文化旅游活动。旅游示范区能够丰富旅游产业的发展模式，给旅游活动增加以文化为主要内涵的旅行方式。游客在文化旅游示范区的体验感与其他类型的旅行活动明显不同，景色或许不是第一位的，但是旅游区域带给游客的文化感受与情绪共鸣是其他旅游方式无法带来的。

另外，文化旅游示范区能够给未来旅游业的发展提供新的借鉴。传统的旅游发展模式往往拘泥于常规，缺乏特色与新意，让许多游客感觉单调、枯燥、乏味，在旅游过程中难以获得内在情绪的深度体验，简单来说就是游玩结束后内心比较空虚。而文化旅游示范区的重点在于宣传文化，能让游客由内而外地体会旅游的意义，可见，这种文化旅游的方式打破了常规，具有创新性，对未来旅游产业的发展具有很重要的借鉴意义。

2.打造文化旅游示范区有助于宣传文化体系

在文化旅游的构建过程中，文化可被视为旅游的灵魂，能使旅游的品质得到有效提升。而旅游活动则是文化的载体，以旅游为手段和媒介，能够促进文化的广泛传播。只有二者结合，互相渗透，才能够让文化更具活力，旅游更具魅力，从而对我国丰富的文化体系起到宣传的作用。

近年来，文化旅游发展飞快，相应的经济收入水涨船高，文化旅游线路更是显著增加，国内许多省市也相继开展文化旅游示范区的建设活动。文化旅游示范区中保存了重要的文化旅游资源，这些资源涵盖人类在社会发展历程中所创造的各种精华。

在文化旅游区，有各式各样的历史建筑与遗迹，包括历代帝王的宫殿、陵寝，以及大量的皇家园林与私家园林，还有形态各异的手工艺品与文化作品，如木版年画、彩绘、泥塑、陶器、刺绣、剪纸、脸谱等。这些宝贵的文化财富是深受游客追捧的文化旅游资源，每年都吸引着国内外大量游客。游客在游览过程中，可以深刻体会其中所包含的文化底蕴与历史沉淀，而这样的过程便是外向展现文化与对外宣传的过程。

例如，山东省青岛市重磅推出了"青岛奥帆海洋文化旅游区"，该景区作为融青岛"山、海、城、湾"为一体的标志性景观，被国际奥委会、国际帆联、国家体育总局和中外媒体高度称赞为世界一流的帆船运动基地之一，也为青岛赢得了中国"帆船之都"的美誉。很多青岛市民在青岛奥帆中心看过奥帆赛，对帆船运动及其相关文化有了更多了解。又如，天津市作为我国华北地区重要的经济中心，也有许多广为人知的著名文化旅游区，最著名的当数天津和平路商业街，该商业街始建于民国时期，虽然如今已经高楼林立、现代化气息浓厚，但是仍有许多古香古色的建筑留存下来，向世人展现着百年前的天津卫文化。

可见，文化旅游区不仅是一个单纯的旅游区，更是区域文化体系向外部展现魅力与进行宣传的重要"窗口"，通过这样一个"窗口"，游客能更好地感受多样的文化魅力。

3.打造文化旅游示范区有助于催生巨大的社会效益与经济效益

打造文化旅游示范区，是把文化与旅游进行有机融合的过程，能够让文化与旅游在华夏大地迸发出强大的生机与活力，从而催生出巨大的社会效益与经济效益。

首先，这一举措能够推动传统文化的传承与经济的发展相结合的进程。中华民族在华夏大地上创造了五千年的辉煌文明，这些文明不仅是中华民族智慧与勤劳的结晶，是民族生命力与创造力的集中体现，更是人类历史发展的瑰宝。近些年来，党和国家不断完善各项政策举措，加大对于文化发展的资金支持力度，重点保护文化名城，让其焕发出更加耀眼的光芒。文化与旅游的结合，既展示了各地区独特的历史文化内涵，提升了区域影响力，还催生了许多旅游衍生产品，带动当地各产业协同发展，成为促进经济社会发展的新亮点。例如，全国剪纸艺术之乡河北蔚县，积极利用剪纸艺术开发旅游纪念品，诞生了多个剪纸专业村，产品涵盖多个品种，销往世界各地。

其次，这一举措能够带动经济发展。如今，我国经济发展实现了历史性的重大飞跃。文化与旅游的结合与发展能够更好地满足经济发展的需求，能够给国内各偏远地区开启新的致富之路，助力人们实现跨越式经济发展。

最后，这一举措能够助力打造社会文明新风尚。打造文化旅游示范区，推动文化旅游产业发展，不仅是对旅游产业的丰富与创新，更是对文化的宣传与推广。政府可以将精神文明建设纳入文化旅游区的评级机制当中，带动旅游景区各项指标均衡发展，如基础设施、环境卫生、服务水平等，从而促进文化氛围、社会秩序、治安情况的有效提升。

4.打造文化旅游示范区有助于旅游产业的可持续发展

传统旅游模式多以自然景观为旅游资源，需要注意的是，景观类旅游资源对生态环境有很高的要求，如果某一景区景色优美、风光旖旎，多年的开发，以及大量游客的涌入，很可能会对当地资源造成破坏，这与游客群体的素质、景区工作人员的管理水平都有一定的关系。

可见，景观类旅游资源往往不具备可持续性，久而久之，以往备受追捧的热门景区或许会在若干年后成为人烟稀少的荒废景区。而文化旅游增强了旅游产业的可持续性，目前国内现存许多文化旅游区的旅游资源都在经受了岁月的洗礼之后，依然屹立于祖国大地，还有许多文化旅游资源以非物质的形态存在并流传。这类旅游资源不会在短期内消亡，反而能够在岁月更迭中经久不衰，始终延续，所以，文化旅游能够增强旅游产业的可持续性。

## 二、文化旅游示范区的推广路径

近年来，我国的文化旅游产业发展持续向好，国内文化旅游示范区的数量不断增多。根据文化和旅游部发布的《中华人民共和国文化和旅游部 2020 年文化和旅游发展统计公报》可知，截至 2020 年末，全国有各类文化和旅游单位 34.16 万个，全国文化和旅游事业费高达 1 088.26 亿元。可见党中央、国务院十分重视文化旅游事业的发展。在社会主义新时代，人们应当进一步打造和发展文化旅游示范区，做好相关的构建工作与推广工作。

### （一）推动文化旅游示范区产业多元融合

新时代的旅游产业与传统旅游产业有很大的差异，传统旅游行业以单一性为主要特点，即使在不同的旅游区域，所进行的旅游活动往往也千篇一律，很难有所创新，难以使游客感受到景区的新意。文化旅游的出现打破了这一固有的"藩篱"，为旅游产业发展赋予了一定的活力。新时代的旅游也不再仅限于单一的旅游发展模式，而是十分多样化和活跃的。人们应当推动文化旅游示范区产业的多元融合，促进"文化 + 旅游 + 其他产业 + 多种要素"的协同发展，共同进步。总之，未来的旅游产业应当注重"多产联动、多业融合、多元发展"，力图实现旅游业与文化、农业、生态、信息等多领域的深度融合。

要大力推动新兴科学技术在文化旅游示范区的融合应用，从而改善旅游景区的硬件设施与软件设施，以提高旅游景区的服务质量，提升其管理水平，为游客提供更加优质、舒适的旅游体验，同时这是对时下"科技兴旅"理念的践行，在侧面上对科学技术的发展有所推动。事实上，国内有些以互联网新技术为依托的品牌已经在文化旅游领域有所建树，如人们比较熟知的"携程""去哪儿""马蜂窝""飞猪"等，这些品牌在移动智能终端广泛普及的当代社会，已经与人们建立起了十分紧密的联系，在很多时候已经成为人们必不可少的"虚拟导游"。

此外，国内各大博物院也在"互联网＋旅游"的融合发展中崭露头角，"掌上故宫""雍和宫""故宫展览"等软件应用的点击量也在持续增长。总之，科技与文化旅游的融合已经是大势所趋，它必然能够为游客提供更多便利，为文化旅游产业发展带来更多机遇。

要推进文化旅游示范区与各类基础产业的融通，这是因为旅游并非单独存在的孤立活动，而是与文化、交通、住宿、餐饮等多种产业紧密相关的。所以，未来我国文化旅游发展要实现更加多元化的融合发展。

## （二）实现文化旅游示范区市场多元对接

自改革开放开始，我国就进入了经济快速发展期，经过几十年的"摸爬滚打"，已经积累了丰富的发展经验，并取得了大量的发展成果。目前，我国旅游产业已经在国家整体产业集群中扮演着越来越重要的角色，地位不断提高，其中的文化旅游产业也在近几年得到了迅猛发展。例如，国内成立了许多文化旅游基地，这些旅游基地各有侧重，但是一般都有特定的主题，受到游客的青睐，包括红色主题、影视主题等。我国文化旅游区的未来发展规划，应当在保持现有规模的前提下，尽可能地优化文化旅游的空间布局，促进文化旅游与市场实现多元对接，从而实现更宽领域、更高平台的发展。

要增加文化旅游城市群、精品文化旅游路线，倾力打造富含中国特色与区域文化的高质量文化旅游区，从而有效扩大文化旅游对国内外游客的吸引力与感染力。要推进文化旅游产业的各项水平稳步提升，包括文化旅游区的经营、管理、维护、扩建、运营等诸多方面，尽量让文化旅游区从各方面都朝着标准化和国际化的方向发展。文化旅游无论是从时间还是空间上说，最重要的都是优化游客旅游体验，实行多元化的旅游运营模式，构建标准化、国家化的运营服务体系，为对接国际市场打下良好的基础。

要构建开放化的文化旅游发展新格局，为之赋予新时代发展的新动力。文化旅游示范区的建立，需要依赖当地的特色文化体系，同时不应局限于国内市场，要把目光放在资源更加广阔的国际市场，推动文化旅游事业发展，促进各文化旅游示范区走出国门、走向世界，从而提高我国文化旅游发展的深度、广度与对外交流程度，在互学互鉴中促进我国文化旅游市场的多元化发展。

### （三）促进文化旅游示范区创意化发展

随着文化旅游产业在国内的持续发展，打造高质量文化旅游示范区，不仅在旅游业受到广泛关注，还引起了学术界的极大兴趣。对此，有学者表示，文化旅游示范区的推广发展不仅要扩大规模，更要进行创意化发展，只有具备充足的创意，才能与其他类型的旅游产业相区分，才能彰显文化旅游示范区的独特魅力，从而对文化旅游未来的发展起到示范与推广的效果。

就目前的文化旅游示范区的发展现状而言，比较成功的模式主要有以下几种：文化旅游商品开发模式、文化旅游区功能转型模式、非物质文化遗产保护开发模式、文化旅游品牌的打造与推广模式。可见，文化旅游示范区的发展类型是不拘泥于某一种的。但是，文化旅游区的未来发展应当以创新为重点，要根据各区域的特色，来打造各不相同的文化旅游示范区，避免同质化现象的出现。例如，陕西省西安市为十三朝古都，西安城区有大量历史遗迹，比较著名的有西安城墙、西安碑林、大明宫、兴庆宫、未央宫等，在西安发展文化旅游示范区就要以"秦文化"作为内核。又如，浙江省杭州市具有得天独厚的旅游资源优势，不仅有优美的自然景观，还有丰富的人文景观，就可以发展"旅游演艺＋文化主题公园"的文化旅游模式。

总之，未来构建与推广文化旅游示范区时必须注重创意，区域旅游管理人员要善于发展当地的特色与优势，打造出与其他景区不同的旅游产品。

# 第三节　商贸旅游示范区推广

## 一、商贸旅游示范区的相关概念

商贸旅游示范区，是融合了商业性、贸易性的旅游区，不仅可以作为旅游目的地，还能在一定程度上发挥商业贸易作用，对区域经济发展产生明显的影响。

在谈论商贸旅游示范区之前，先要了解商贸的含义。商贸，是商业贸易的简称，商业贸易指专门从事商品收购、调运、储存和销售等经济活动的部门。

商贸活动的起源很早，最早可以追溯至原始社会人与人之间进行的物质交换活动。时至今日，随着社会分工的日益细化，产品的交换也愈加复杂化。商业贸易无论是交换规模、数量、次数还是手段，都有了长足的进步。

现代的商贸与每一个人都息息相关，每一个人都无法与商贸活动相分隔，在社会中，人们有可能作为商贸活动中的主体而存在，如经销商，也有可能作为商贸活动中的客体而存在，如购买者、消费者。

商贸旅游，是将商业贸易与旅游产业进行结合，实现二者融合发展的一种旅游形式。相比于传统旅游模式，商贸旅游除了对旅游目的地的旅游资源有一定的要求，还要求人们在旅游目的地建立比较完善的商贸体系，从而促进当地经济实现快速发展。

商贸旅游示范区，是具有一定示范作用的商贸旅游区，已经基本实现商贸与旅游的有效结合，并能够为其他商贸旅游区的构建与发展提供一定的借鉴。

在商贸旅游示范区，要保证贸易活动稳步发展，旅游活动持续推进，二者形成协同效应，实现一体化商旅融合新气象。同时，商业旅游示范区还可以与康养、医疗等其他旅游项目相结合，开拓更宽领域的旅游模式，促进游客消费体系的升级。发展商贸旅游示范区，当地政府需要一手抓市场建设，一手抓旅游产业，充分发展现代商贸多元化产业，构建市场新格局。

## 二、商贸旅游示范区的发展概况

目前，我国商贸旅游示范区建设随着旅游产业的改革发展不断深入，已经取得丰硕成果。

中国原点新城商贸旅游示范区建于2009年，至今已经发展了十几年，如今该商贸区已经成为我国西部地区规模最大的商贸旅游示范区之一。该示范区涵盖家具、建材、灯饰、软装、管业、家电、皮革、酒店用品等八大业态，销售区域遍布陕西、甘肃、宁夏、山西、内蒙古、青海等地，为西北的千万家庭送去了美好家居生活。

在大家居商贸发展的同时，中国原点新城还在规划建设成为"产业商贸、文化旅游、生态宜居"三城合一产业新城。原点新城主要包含的商贸场所有家居博览中心、建材家居广场、原点国际灯都城、原点红木博览城、家具批发交易中心、原点管业批发基地、酒店用品批发城、原点国际皮革城等。2022年5月16日，原点新城战略发展宣讲会召开，会议讲解了原点新城的未来发展理念，并强调在打造商贸场景时，融入更多生活业态与旅游元素。

义乌一直是国人熟知的商业中心，近年来，义乌依托商贸强市的优势，大力发展商贸旅游，成功开拓了全新的商贸旅游发展模式，成立商贸旅游示范区，带动当地经济"更上一层楼"。同时，国务院印发

《"十四五"旅游业发展规划》(以下简称《规划》),对我国旅游业的未来发展进行了科学布局,并对部分商贸产业发展得比较充分的地区提出了新的构想,《规划》多次"点名"义乌,表示将积极支持义乌等特色旅游地建设,创新办好中国义乌文化和旅游产品交易博览会。

由文化和旅游部、中国国际贸易促进委员会、浙江省政府主办的第16届中国义乌文化和旅游产品交易博览会于2021年9月25日至9月27日在义乌举办。该展会突出百年红色、创新导向、数字赋能、共同富裕、云上体验、消费升级等六大亮点,有来自全国26个省(市、区)的996家企业和机构参展,展览面积6万平方米,设标准展位3 154个,吸引了35 510名采购商及观众参会,较上届增长179%。线上博览会平台及直播关注浏览量达1.027亿人次。如今,义乌在争创国家一流全域旅游示范区的征程中奋勇争先,加快旅游项目招引,打造高等级旅游景区,提升行业品质,构建了以商贸旅游、红色旅游、乡村旅游为主体的特色旅游产品体系。

综上,在我国全域旅游示范区的带动下,国内许多省市已经开始筹办商贸旅游示范区的构建,并在努力打造特色鲜明、"商旅"交融的旅游产业发展新模式的浪潮中不断前进。

# 第八章  旅游业"云数智"化转型的发展趋势及应用前景

## 第一节  旅游业"云数智"化转型的发展趋势

### 一、旅游业"云数智"信息集成管理系统逐步完善

我国未来旅游业"云数智"转型发展将在信息集成管理系统方面逐步完善。信息集成管理系统是针对信息与数据的一体化、系统化的高效管理，涉及信息与数据的采集、存储、分析、应用等多个环节，对于旅游业"云数智"转型具有极其重要的现实意义。

目前，我国极力倡导发展"云数智"旅游业，有关部门不断加大发展新兴技术的资金投入与技术支持力度，对旅游业也一直保持高度重视。同时，"云数智"旅游业的信息集成管理系统在一定程度上相当于宽带技术、云计算技术、人工智能技术等技术的集成，基于这样的技术环境，未来我国信息集成管理系统必将实现快速发展。

具体来讲，信息集成管理系统包含四方面，分别是信息采集系统、信息存储系统、信息应用系统。

## （一）信息采集系统

信息采集系统，是具有庞大实体设备的系统，采集的信息内容主要是与旅游景区和游客相关的信息，包括景区的各项实际情况与实测指标，如游客的数量、人群密度等。根据不同类型和不同主体，人们在采集信息时所要使用的手段与设备也有所不同。因此，信息采集系统的子系统具有多个分支，需要根据实际情况进行选取。

例如，游客基本信息的采集系统，能够在售票和检票时采集游客的身份证件号码、性别、姓名、年龄、户籍等信息。景区的出入管理系统，能够通过对门票和车牌等进行识别，从中采集出入景区的人员与车辆的相关信息。视频监控系统目前在社会中各个领域都有比较充分的应用，在学校中、在企业中、在公共场所都有大量的监控设备，在旅游景区中，监控设备更是必不可少。这一方面有助于监管景区与游客的行为，另一方面也有助于专业人员通过视频录像来分析问题和解决问题，并通过全面监控，发现景区中存在的问题并加以改进。游客行为采集系统具有较多的操作要求，需要运用许多新兴技术，如定位、遥感、射频等，能够对游客的自身位置、旅游线路、消费情况进行采集。环境质量监控系统，能够随机或特地选定景区中的位点，并结合多种感应设备，来对旅游景区中的整体环境信息进行采集，包括景区内的温度、湿度、空气、噪声、水质等。商家信息系统可以通过互联网订单情况、反馈情况等，对景区内的商家的经营信息进行采集。

## （二）信息存储系统

信息存储系统，是对已经采集来的信息和数据进行统一、集中，或分类存储的系统。信息存储系统虽然不直接参与信息的搜集，但是所有的信息都要存储在该系统中，因此其重要性是不言而喻的。信息集成管理系统不能缺少信息存储系统，该系统一般包括来自旅游景区、游客、商家三大主体的各种信息和数据。信息被采集完毕之后，会进入存储系统，并由相关人员进行专业整合与细化分类。信息存储系统需要十分强大的硬件支撑，以及专业可靠的技术团队。只有这样存储系统的安全性与稳定性才能得到有效的保证。

在信息集成管理系统发展的早期阶段，专业技术人员更加注重信息采集系统，对于存储系统不甚关注，他们更注重的是信息与数据是否全面，是否能够为之后的管理提供真实有效的依据与借鉴。如今，信息存储系统的重要性越发明显，有学者甚至指出，将来信息集成管理系统的发展方向，将由存储系统的各种信息来决定，只有通过对存储的大量信息进行统一分析，才能够得出最科学的结论。

## （三）信息应用系统

信息应用系统，是"云数智"旅游景区信息集成平台的最前端，它直接面向外部环境，与景区管理部门、游客、商家、其他政府部门、景区等多方进行接触，而这五方也被称为"五个主体"，这"五个主体"分别使用五个不同的应用端，应用集成的信息技术。

景区管理是景区综合管理中心，主要对采集的信息和数据进行决策，并能够对景区所发生的特殊情况进行及时处理，也能够对游客的反馈做出回应，如进行游客客流量的检测控制、引导旅游舆论等。

游客端，主要就是人们旅游过程中所使用的应用和软件。在信息时代，人们的旅游活动与传统旅游模式下的旅游有明显不同，游客可以运用自己的移动终端打开各种各样的应用程序。以此为媒介，游客能够获得更好的旅游体验，能够更全面、更系统地掌控旅行活动，预先做好相应的安排。例如，游客使用软件或应用的游客端，能够获取旅游相关的信息，还能向景区反馈，让景区的工作人员了解到自己的旅游感受。同时，游客能够在遇到突发情况时及时反映问题，以寻求帮助和服务。

商家端，是商家获取外部信息的重要渠道，通过商家端，商家可以了解到与游客相关的大量信息，如游客的基本信息、游客的旅行偏好、游客的旅行体验、游客的特殊需求等，可以更好地接受有关管理部门的监察管理，如提供有关部门需要的信息等，可以反馈自己产品信息与数量。

其他政府部门端，是协助政府有关部门全面提升旅游质量的应用，主要包括公共安全部门、卫生安全部门、监督管理部门等。公共安全部门能够通过政府部门端了解景区内部所存在的公共安全隐患，对可疑人物、可疑设备进行监控，以便做出实时应对；卫生安全部门能够对旅游景区中的酒店、餐厅进行监管，防止因出现饮食卫生问题，而产生不良的社会影响；监督管理部门也能够及时针对景区内的诸多突发情况做好预防工作。

总之，在信息化时代，各种各样的应用与软件与人们的日常生活产生了紧密的联系。在旅行过程中，不只游客需要使用应用和软件来预订行程，其他相关部门更需要通过应用与软件，丰富工作与管理方式，促进现代化信息旅游业各种服务在水平与质量上不断提升。在未来，面向景区的应用端将向着更加智能化的方向发展，各种智能化的应用与软件将在景区中的智能设备中大量使用。例如，智能门禁、智能 LED 大屏幕、智能停车场、智能广播、智能卫生间等。

## 二、旅游业"云数智"信息分析应用能力逐步提高

在旅游业"云数智"发展的进程中，信息分析应用能力十分重要，只有相关部门加强信息分析应用能力，才能够提高旅游业"云数智"发展的信息化程度，并使旅游业朝着更全面、更有深度的智慧旅游方向发展，以便为游客提供更加便捷、个性化的旅游服务和旅游产品。在未来旅游业的发展中，信息分析应用能力将被逐步提高，以指导商家生产和制作更加适销对路的旅游产品。

### （一）配套软件应用

旅游业"云数智"转型，意味着旅游业要与信息时代的新技术相结合，包括云计算、大数据、人工智能等技术，而这些技术不仅需要专业的先进设备，还需要与之相匹配的大量软件，所以，有关部门和专业人员应研发和生产大量配套软件应用。只有设备与软件相匹配，协同发展，才能促进旅游业"云数智"转型的全面发展。

目前，国内旅游行业相关的配套软件数量很多，新出的软件也五花八门，这给旅游业的数字化转型发展提供了一些帮助，但是由于软件种类过多，难免掺杂一些质量较差的软件，这就需要有关部门加大投入，确保软件数量的增长，并兼顾其质量的提升。旅游管理部门要避免陷入"闭门造车"的错误思路，而要善于观察、善于发现、善于创新，充分利用目前社会中比较流行的信息技术，对采集而来的大量信息和数据进行充分挖掘与全面分析，以创造高质量的配套软件应用。

### （二）重视社会科学

众所周知，包括"云数智"在内的各种新时代信息技术都属于应用性科学，与人们的生活有很明显的关联，甚至能够在很大程度上改变人们以往的生活方式。例如，新兴信息技术产生之后，让人们曾经的许多活动变得更加便捷，如银行转账、扫码支付、软件交友、查询位置、搜索资料等。这就使社会上出现了重视应用科学而忽视社会科学的风气，甚至旅游界的许多专业人士也认为社会科学的进步对旅游行业的发展并没有直接作用。

不过，近些年社会科学的地位开始"抬头"，国内开始兴起打造全域旅游示范区活动，其中很重要的一个方面便是打造文化旅游示范区。这在国内许多历史文化名城的旅游区都有所体现。文化旅游作为旅游活动的一个重要类别，如今已经在社会中掀起一股潮流，极大地丰富了传统的旅游方式。

想要逐步提高信息分析应用能力，单纯依靠技术而忽视社会科学只会让旅游产业的发展陷入停滞。未来旅游业"云数智"发展过程中，社会科学的渗透必将越发明显。例如，在智慧旅游建设，特别是在信息的分析环节中，社会科学将发挥不可替代的作用。所以，有关部门需要重视社会科学，以社会科学丰富实践技术应用，从而提升信息技术数据分析的准确度，以促进旅游产业的进一步发展完善。

### （三）加强信息安全

"云数智"旅游业的发展伴随着对大量信息的收集、分析、整理，而如今规模庞大的信息工作存在很大的泄密风险。如果工作人员在操作中出现失误，或者设备出现故障，就很可能造成泄密，而产生难以估量的损失，这会对"云数智"旅游业的信息分析应用能力的发展产生阻碍作用。

## 三、旅游业"云数智"关联产业交叉融合逐步推进

传统旅游业在刚刚进入"云数智"模式发展轨道时，还存在许多明显的不足，很多方面的信息化程度都不够高，还留存着比较明显的传统旅游活动的痕迹。随着国内信息技术水平不断提高，旅游业"云数智"开始愈加注重与其他关联产业的融合发展，这不仅促进了旅游产业的转型升级，还加快了关联产业的发展步伐。在"互联网+"的时代背景下，旅游业所关联的产业链条愈加完善，涉及领域越多越广，有与诸多领域进行交叉融合的潜力。

### （一）"旅游+交通"

对于旅游产业而言，良好的交通状况无疑是其发展的基础与前提，只有通畅宽广的公路，才能够为旅游景区输送一批又一批的游客，才能

带动当地旅游产业持续发展，才能促进区域经济明显进步。我国疆域辽阔，地势复杂，地势西高东低，东部沿海地区与华北平原地势比较平坦，土地广博，易于开发，但是西部地区天堑众多、沟壑纵横，虽然有大量震人心魄的壮美景观，但旅游开发活动的开展仍面临着很大困难。如今，国内各项技术有了明显的发展，以往难以被开发的景区迎来了转机。

2019 年，中国旅游出行大会于 11 月 9 日至 11 月 13 日在广西桂林召开，该次会议提出"全域旅游与旅游出行"的理念，强调交通与旅游二者结合的重要意义，交旅融合，升级出游基础设施升级，才能让游客有更好的旅行体验。

2021 年，新疆阿克苏地区加大"旅游 + 交通"发展力度，该地区以推动交通运输高质量发展为主题，以供给侧结构性改革为主线，着力完善路网结构，夯实安全基础，提高服务品质，促进交通运输与旅游融合、协调、健康发展。确定围绕建设"结构合理、功能完善、无缝对接、安全高效"的旅游交通运输体系总体目标，利用三年时间，基本建成"快进""漫游"的旅游交通基础设施网络。

可见，"旅游 + 交通"已经成为未来旅游发展的重要方向。在旅游业"云数智"创新转型的过程中，这一结合路径必将受到旅游领域、交通领域的广泛关注。人们比较熟知的出行软件"高德地图"已经率先为人们的智慧出行提出了许多优质方案，包括打车、自驾、公交地铁、步行等服务，都能通过高德地图一站式获取。

《关于促进交通运输与旅游融合发展的若干意见》对旅游业与交通业的融合方式做了十分详细的说明。传统"旅游交通"是旅游业的三大支柱之一，主要用于运送旅游者。现阶段，旅游交通发生了明显变化，已然成为以运输设施和交通线路为基础，可满足游客多项需求的综合旅游运输服务。《关于促进交通运输与旅游融合发展的若干意见》表示，未来的旅游业与交通也要做到"三个融合"，分别是创新性与可操作性融合、优化存量与合理配置增量融合、硬件与软件融合。这对我国未来的旅游交通提出了更高的要求。

目前，在旅游活动的交通安全方面，"云数智"技术也有巨大的发展潜力。有企业开始以提升用户的出行品质为目标进行大量研究。信息时代，网络连接是出行所需的关键技术，现在比较流行的车载 VR、AR 等新兴技术也发展得如火如荼。在旅游业未来的"云数智"发展中，交通领域，以及"旅游 + 交通"方面会涌现出更多相关产品，旅游业与交通业跨界碰撞的现实意义必将更加明显。

### （二）"旅游 + 教育"

未来的云数智"旅游业"发展将突出"旅游 + 教育"的特点。"旅游 + 教育"，是旅游活动与教育活动的融合，是力图实现旅游者在旅游活动中收获心得感悟，获得大量知识与文化的新型旅行方式。

如今，人们已经进入"新旅游时代"，在这样的时代，旅游活动相关的各项内容已经发生明显的变化，新的旅游体系正在逐渐形成。在"云数智"旅游业持续推进的今天，各种新型的信息技术为"旅游 + 教育"提供了宽广的发展平台。

近年来，"旅游 + 教育"的发展模式在政府和有关部门的科学布局下，已经取得一定程度的发展。据数据统计，2021 年研学企业已达到 3 万多家。随着素质教育理念的深入和旅游产业跨界融合，研学旅行的市场需求被不断释放，中国研学旅行市场的总体规模将超千亿元。"旅游 + 教育"对社会发展具有极其重要的意义。在宏观层面，这种发展模式有助于促进我国第三产业的发展，有助于传统文化的传承与弘扬。在微观层面，这种发展模式有助于扩充旅游者的知识面，提升他们对文化的认识深度，还能够丰富他们观察世界的视角与维度。借助"云数智"技术，旅游业与教育业能够更好地融合，打破课堂与现实的隔阂，促进形成多行业协同发展的新业态。例如，大力开发新型软件或应用，并在其中加入国内各大著名景区的基本信息与实时资讯内容，可以方便人们提前制订旅游路线，掌握最新情况，还可用来定期发布景区相关的知识科普，包括景区的由来、典故等；在景区大量配备人工智能讲解员，游览者只需要支付少量的费用，就可以"聘请"一位人工智能讲解员为自己讲解旅游地的风土人情、历史文化等。又如，在景区建设 VR 实景荧幕，播放与景区相关的内容，以体现当地的特色风情与传统文化，既能够带给游客较好的观感体验，还能够为他们展现当地文化的"前世今生"，让游客获得很强的体验感和相关的知识。

### （三）"旅游 + 文化"

我国作为"礼仪之邦"，经过数千年的发展，积累了灿烂而丰富的传统文化，这些文化是人类文明的重要财富。无论是思想文化还是物质文化，都对世界历史的发展产生了重要的影响。

一直以来，我国就十分重视文化，并认为文化对于民族整体实力发展具有重要意义。在逐步走向社会主义现代化的今天，党和国家领导人更是进一步揭示了文化所具备的重要现实意义。因此，文化与各行业的融合发展成为时代的主题。其中，文化与旅游的融合成为时下最热门的话题。对此，有关部门也曾制定相应政策，并发布过许多相关文件。

2018 年 3 月，国务院批准设立中华人民共和国文化和旅游部，这标志着文化与旅游的融合已经成为未来旅游业发展的重点方向。文化与旅游具有深刻的内在关联，具有难以分割的辩证关系：文化是旅游的核心灵魂，旅游是文化的重要载体，文化和旅游从不曾分离，推动"文旅融合"有利于促进传统文化的继承与发展，增强与彰显文化自信；有利于促进旅游产业转型升级；有利于解决文化事业内生增长动力不足的问题；有利于实现文化产业与旅游产业的共赢。

目前旅游业"云数智"转型发展已经成为主流，在此基础上，未来旅游业将持续推进"文旅融合"，实现旅游产业与传统文化相关资源的全面整合。在资源的整合开发中，有关部门可充分发挥文化旅游业的联动作用和龙头带动作用，用文化贯穿开发相关产品的全过程，实现整体开发、整体宣传和整体促销。另外，由于旅游产业与文化产业的融合发展所涉及的行业及门类十分众多，产业链复杂，将来旅游产业发展路径的选择也有很多，包括产业集群、区域合作、集约化发展、全域化旅游等都是可供选择的发展模式。

## 四、旅游业"云数智"线上综合服务质量逐步优化

在旅游业"云数智"化转型稳步推进的社会整体趋势之下，旅游业的综合服务模式与质量发生了明显的变化，并将在未来持续发生转变。在传统旅游模式下，旅游景区或旅游企业在为游客提供服务或帮助时，基本上是线下面对面的形式，游客如果在旅游过程中有什么需求，需要拨打电话，或寻找工作人员，表达自己的诉求，而工作人员在经过询问、调查之后，再制订相应的处理方案，为游客服务。这种服务方式是线下的，工作人员要与游客面对面交流，这种线下的服务方式虽然能够让游客更好地表达自己的想法，工作人员也能够更全面地体察游客的情绪，但是线下服务终归受多重条件的制约。例如，如果游客在景区中有比较迫切的需求，又无法及时找到工作人员，无法在"第一时间"接受帮助，在这种情况下游客很可能会产生一些损失。又如，某些工作人员处理问题的能力可能比较有限，难以凭借自己的力量给游客带来优质的服务，却又无法及时联系其他工作人员等。这时，线下服务的弊端与不足便显现了出来，就亟须线上综合服务来对其进行弥补。

线上综合服务，简单来说就是结合多种新型信息技术，以互联网为平台和依托，打造而成的信息化综合服务体系。线上综合服务具有信息技术的多种优势，能大幅提升旅游景区或旅游企业的服务能力与服务质量，能够给游客带来更全面、更高效、更快速、更便捷的服务体验。

目前在国内的许多景区，线上综合服务已经开始被广泛应用。有些景区已经开通线上咨询服务，游客无须亲自跑到游客服务中心，只需要

运用移动终端，登录景区所开发的软件和应用，或者通过微信公众号打开景区小程序，就能够在线上及时获取信息，在必要的情况下还能够获得工作人员及时的帮助与完善的服务。

北京市雍和宫景区就在互联网上构建了雍和宫门户网站，在网站上发布景区相关的实时资讯，并标明"开放服务"与"数字雍和"服务。当游客有疑问或需求时，可以通过这些链接，与景区的工作人员及时沟通。陕西省历史博物馆在微信公众号上有非常完善的线上服务系统，访客可以在公众号上点击"导览""咨询""信息公开"等选项，获取馆内最新动态，除了可以实现线上观展，还能够查询母婴室、游客服务中心、失物招领中心的位置，以及获取线上或线下语音讲解服务。河南省开封市清明上河园景区体现了北宋的社会风貌，以著名画家张择端《清明上河图》为原型，该景区打造了特色在线游园服务。游客可以在线上体验虚拟游览"东京码头""虹桥""上善门""王员外招婿""水车园""九龙桥""临水大殿"等场景；此外，游客还能够在线上获取全面的旅游服务，包括常见问题的快速解答、情景展示时间安排表、游园秘籍和攻略。

# 第二节 旅游业"云数智"化转型的应用前景

## 一、旅游业与全面物联

物联网，是新一代信息技术的重要组成部分，其内在含义是"万物互联"。这种互联的方式能够将各种事物串联起来，实现人与人、人与物之间的实时联通，实现瞬时沟通与交流。全面物联以信息技术为依托，需要应用多种新型技术，才能够实现，主要运用的设备包括射频识别、红外感应器、全球定位系统、激光扫描器等，此外还有许多其他的设备与技术。在此基础上，专业技术人员能够按约定的协议，把任何物品与互联网相连接，进行信息交换和通信。

## （一）物联网简介

物联网的概念最早是在 20 世纪末被学者提出的，其定义与内涵比较简单，指的是把所有物品通过射频识别等信息传感设备与互联网连接起来，从而实现一定程度的智能化识别与管理。

物联网通过对智能感知、识别技术与普适计算、泛在网络的融合应用，可适用于多种应用场景，并在社会发展中产生了巨大助推作用。因此物联网也被学界与商界的许多人称为继计算机与互联网之后的世界信息产业发展的"第三次浪潮"。仅仅 20 年的时间，物联网就已经在社会诸多领域实现了快速发展。

2005 年 11 月 17 日，在突尼斯举行的信息社会世界峰会上，国际电信联盟发布了名为《ITU 互联网报告 2005：物联网》的报告，该报告颇具前瞻性地描绘了物联网的发展趋向，并明确指出，无所不在的物联网即将成为时代的呼唤，其发展将与时代的发展同步。报告还强调，未来人们生活中的许多常见物品都将与物联网发生广泛的联系，小到日常生活中所使用的牙刷、剃须刀、吹风机，大到汽车、高楼等，都可以通过物联网进行相关信息的交换。随着时代发展，物联网在世界上所发挥的作用也越来越大，并通过智能感知、识别技术、普适计算等技术与其他行业进行了广泛融合。

据统计，2017 年全球物联网设备的数量高达 84 亿，比 2016 年增长了 31%。2020 年全球物联网设备数量已经超越 200 亿。总之，现代社会在物联网的影响之下，已经开启了一段全新的"数字化旅程"。

## （二）旅游业"云数智"转型与物联网应用

旅游业在"云数智"转型的未来发展中，可以实现与物联网的巧妙结合应用，从而从整体上促进旅游业的持续转型与发展。具体来讲，物联网在"云数智"旅游业的应用体现在以下几个方面。

1. 物联网在"云数智"旅游业的资源信息的应用

当代社会，旅游者的数量越来越多，越发庞大的旅游群体成为拉动经济的重要增长点。不过，绝大多数的旅游者获取旅游信息的渠道比较单一，方式缺乏多样性，一般就是经过身边亲朋好友的介绍，或者从电视和网络得知旅游相关信息，而旅游计划、旅游产品等都由旅行社全权包揽。这种旅行模式固然能让旅游者感觉到一定的便利性，无须自己操心，但是也会让旅游者明显缺乏对于旅游目的地的直观感受，甚至会出现游客结束旅行后没有太大感触的情况，这就丧失了旅行的意义。旅行的行程结束之后，游客往往会降低对于该次旅游活动的满意度。不过物联网在"云数智"旅游业中的应用改变了这种情况。旅游者能够通过物联网，结合自己的特殊偏好，制订颇具个性化的旅游行程，从而达到满足旅游需求的目的，还能够在一定程度上提高旅游的便捷性与高效性。利用物联网技术，旅游者可以把自己的基本信息在很短的时间内上传至云端，如自己对于旅游的特殊要求、日常的喜好、身体健康状况、禁忌事项等。之后，物联网就会运用各种数字化技术，为旅游者提供更贴合他们自身需求的旅游行程安排。这既提升了旅行社的工作效率，也提高了旅游者的满意度。另外，物联网技术还能够为旅游者提供大量实用的交通信息。交通与旅游永远是密不可分的整体，物联网可以将互联网技术与射频识别、传感器、GPS 等技术融合于一体，旅游者在此基础上能够快速方便地了解所在位置及周边到旅游目的地的路况信息，并能参照系统所提供的优化行程选择适合自己的路程安排，甚至系统会根据实时的综合信息为消费者提供一条最优路径，引导消费者快速安全地前往旅游目的地。

2. 物联网在"云数智"旅游业的旅游服务的应用

在"云数智"旅游业中，物联网技术的应用极大地提升了旅游服务的效率和质量。旅游者和旅游供应商都高度重视信息传递的时效性，而智慧旅游通过物联网技术加快了信息的流通，实现了信息的及时传递和交换。这种技术的应用方便了旅游者快捷地获取旅游信息，使旅游服务更加人性化、智能化，减少了旅游过程中不必要的烦琐沟通，减轻了旅游服务带来的疲倦，还推动了旅游消费方式的改变，引导消费者形成新的旅游习惯，提高了他们的舒适度和满意度。

目前，纸质门票仍然在许多旅游景区被广泛使用。然而，对于习惯使用智能产品的年轻人和不方便处理信息的老年人来说，纸质门票已经带来了许多不便。特别是在节假日客流量集中的时候，旅游者常常要浪费大量时间在窗口排队买票和等待人工检票，这影响了他们的旅游体验。物联网技术的应用可以很好地解决这一问题。

旅游景区可以利用射频识别电子标签技术，建立电子门票系统，通过计算机控制系统来实现售票、检票和查询等环节的自动化。这一技术已经在地铁等领域广泛应用，射频识别标签门票可以回收利用，既降低了成本，也满足了低碳环保的要求。电子门票读取信息速度快，检票验票更加人性化且省时。其识别距离可达十米左右，极大地方便了对景区内游客和车辆的管理。

电子门票不仅是进入景区的通行证，还可以实现景区内吃、住、行、游、娱、购的"一卡通"服务。消费者在给门票充值后，可以在景区内进行消费，离开时返还剩余金额。这不仅减少了游客的现金使用，提高了旅游的安全性和服务质量，还能大大提升景区的管理效率。

物联网技术还为旅游服务带来了其他多方面的便利。例如，智能导览系统可以通过游客的电子门票和移动设备实时提供景点的详细信息、路线建议和活动推荐，使游客能够更好地规划自己的游览路线。通过智能传感器和监控设备，景区管理者可以实时监控游客的流动情况，及时采取措施避免拥挤，确保游客的安全和舒适。

物联网技术还可以帮助旅游供应商更好地了解游客的需求和偏好。通过分析游客的行为数据和消费记录，旅游供应商可以为游客提供更加个性化的服务和产品推荐，提升游客的满意度。例如，基于游客的历史数据，系统可以在游客再次访问景区时给他们推送可能感兴趣的景点和活动信息，提供个性化的导览服务。

物联网技术还可以促进旅游供应链的优化和效率提升。例如，智能库存管理系统可以实时监控景区内商品的库存情况，及时补货，避免缺货情况的发生。同时，该系统可以与供应商的系统对接，实现自动订货和配送，减少了人工干预，提高了供应链的效率和响应速度。

3. 物联网在"云数智"旅游业的具体旅游过程中的应用

旅游过程是旅游活动的主要阶段，一切旅游准备活动都是旅游过程的筹备阶段，而旅游结束之后的游记撰写等活动都是对旅游过程的总结。总之，旅游过程是复杂而重要的环节，是交织着多种因素的综合体。在旅游过程中，除了包含旅游者自身与旅行社的各项因素，还包含着变动性较大的经济、政治、社会、自然等多重因素，这都需要每一位旅游者提起高度的关注。在旅游过程中，以上因素往往会对旅游者的心理体验产生很大的影响，如果处理不当，就会降低旅游者的旅游情绪，对旅游业的发展产生不良的影响。不过，物联网的广泛应用为"云数智"旅游业发展提供了坚实可靠的保障，能够大幅降低，甚至消除外在因素对旅游业的消极影响，从而优化旅游过程，让游客获得更高质量的旅游体验。

随着国内经济实力的不断提升，社会环境持续向好，自驾游和自助游明显增多，成为许多年轻人热衷追求的旅行方式。而由于旅游者缺乏对旅游目的地的文化、环境等的了解，缺少专业人士的陪同，因此在旅游目的地的很多景点只能走马观花，旅游体验仅停留在观光上，不能领略旅游景点的精华所在，旅游体验也变得单调、浅显。利用软件，游客可以提前了解旅游目的地情况，查询攻略，做到"有备无患"。

## 二、旅游业与智慧转型

2013 年 10 月 1 日，《中华人民共和国旅游法》正式实施，但从现实来看，中国传统旅游经营模式难以满足人们日益增长的旅游消费需求，难以实现"旅游强国"的目标。因此，变革旅游产业的经营模式，实现旅游产业的转型升级是中国旅游产业发展的必由之路。而发展智慧旅游，无疑是信息时代中最正确的选择。

依托 IT 技术发展智慧旅游是未来中国旅游业转型的重要方向。智慧旅游是基于云计算、物联网、移动通信技术，以满足旅游者个性化需求、实现实时旅游搜索和共同制订旅游方案为目的的，贯穿旅游要素的，使旅游资源能被最大化利用的，综合体现创新思维的旅游模式。

智慧旅游的发展是旅游产业真正转向现代服务业的重要表现。其主要特征如下：一是融合旅游业及相关行业的资源，加强旅游产业链及各种旅游组织机构的相互关系；二是借助现代化的信息通信手段，实现旅游信息的充分交换、传播，从而促进旅游业各种要素关系的优化。智慧旅游的主体结构包括智慧政府、智慧文化、智慧科技、智慧企业、智慧游客五部分，如图 8-1 所示。

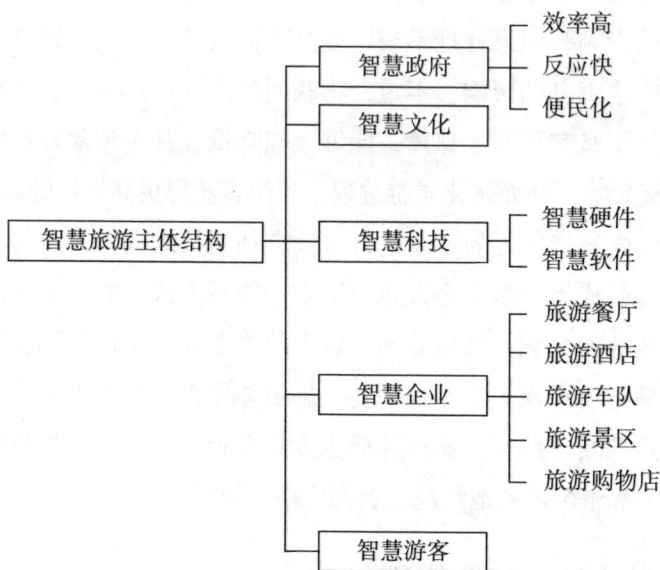

图 8-1　智慧旅游主体结构

　　智慧政府。政府传统的智能政务水平难以为企业提供优质的服务。随着信息技术的日新月异与旅游产业的发展，客观上需要创建"智慧政府"。"智慧政府"是一种政府文化，是一种理念，也是基于物联网、云计算、移动通信技术、人工智能信息系统等技术，在政府决策、服务、办公、监管等方面，有较高的智能化水平，效率高、反应敏捷、便民利民的现代化政府。相对于旅游产业，智慧政府是秉持智慧文化理念，运用现代信息技术进行服务、建设、规范旅游市场工作的政府各级旅游主管部门。

　　智慧文化。文化是一种资源，旅游既然是文化行为、文化产物，文化因素就是旅游诸因素中不可或缺的因素。智慧文化是由智慧旅游思想凝聚而成的，由智慧政府、智慧企业、智慧游客、智慧科技共同打造的智慧旅游的结晶，是高度发展的信息技术与旅游产业深度结合的成果。

　　智慧科技。智慧科技分为软件和硬件两个部分。软件部分包括智慧旅游的理念和信息技术理论两个方面；硬件部分包括围绕信息技术的发展所需建设的高科技平台、技术和设备。智慧旅游技术平台的 3 个主要功能体现在实时旅游搜索、个性化需求和共同解决方案上。没有智慧科技，智慧旅游就是无根之木，可以说智慧科技是智慧旅游的灵魂。

　　智慧企业。智慧企业是与旅游有直接关联的企业，包括旅游餐厅、旅游酒店、旅游车队、旅游景区、旅游购物店等。智慧企业是在现代信息化发展环境中，具有学习和自适应能力，能够利用云计算、物联网、移动通信等现代信息技术，打造或利用建设好的智慧旅游平台，满足旅游者个性化需求、实现实时旅游搜索和共同制订旅游方案的企业运营模式。建设智慧企业可以提高旅游企业对游客需求的响应能力，灵敏地感知到企业内外环境变化并快速做出反应，推动信息化与旅游业的深度融合，从而促进旅游业转型升级。

　　智慧游客。伴随着信息化对社会各阶层的渗透，游客的信息化水平会不断提升，往往会出现游客的智慧旅游水平或要求高于社会所能提供服务的平均水平的情况。游客是智慧旅游的真正的服务对象、老师和检验者。现代移动通信设备的发展让智能手机有了丰富的功能。游客可以通过智能手机下载旅游计划、实时搜索旅游及相关信息、拍照、翻译、讲解、定位、传递旅游感受、付费、办理相关手续等,做到"一机在手,走遍天下"。智慧游客是具有智慧旅游意识和能力的、信息化装备精良的游客,智慧游客是智慧旅游的引擎和服务对象。

# 参考文献

[1] 焦艳芬, 李燕, 赵祺蒙. 旅游交际礼仪 [M].2 版. 北京: 中国人民大学出版社, 2022.

[2] 郭强. 海南国际旅游消费中心的建设路径研究 [M]. 北京: 中国经济出版社, 2022.

[3] 郭萍. 邮轮运输可持续发展的法治保障 [M]. 北京: 知识产权出版社, 2022.

[4] 董观志. 山河壮志: 从文旅富民到乡村振兴的操作模式与行动策略 [M]. 武汉: 华中科技大学出版社, 2022.

[5] 董观志, 李广明, 李舟. 世界只有一个墨脱: 乡村振兴的示范样本与实施方案 [M]. 武汉: 华中科技大学出版社, 2022.

[6] 中华人民共和国文化和旅游部. 中华人民共和国"十四五"旅游业发展规划 [M]. 北京: 中国旅游出版社, 2022.

[7] 马瑛, 张志伟. 旅行社管理 [M]. 北京: 中国旅游出版社, 2022.

[8] 中国旅游研究院. 中国旅行服务业发展报告 2021: 向内而生 [M]. 北京: 中国旅游出版社, 2022.

[9] 王力, 张颜辉, 陈照敏, 等. 甘肃红色旅游资源开发与利用 [M]. 北京: 中国社会科学出版社, 2022.

[10] 中国旅游研究院. 中国旅游住宿业发展报告 2021: 大变局与新布局 [M]. 北京: 中国旅游出版社, 2022.

[11] 张凌云，黎巎，刘敏.智慧旅游的基本概念与理论体系[J].旅游学刊，
2012，27（5）：66-73.

[12] 张凌云.智慧旅游：个性化定制和智能化公共服务时代的来临[J].旅游学刊，
2012，27（2）：3-5.

[13] 金卫东.智慧旅游与旅游公共服务体系建设[J].旅游学刊，2012，27（2）：5-6.

[14] 乔海燕.关于构建旅游公共信息服务系统的思考：基于智慧旅游视角[J].
中南林业科技大学学报（社会科学版），2012，6（2）：27-29.

[15] 刘军林，陈小连.智能旅游灾害预警与灾害救助平台的构建与应用研究[J].
经济地理，2011，31（10）：1745-1749.

[16] 张红梅，梁昌勇，徐健."旅游+互联网"背景下的智慧旅游云服务体系
创新[J].旅游学刊，2016，31（6）：12-15.

[17] 张海鸥.自助游客感知的智慧旅游模型框架构建与实证研究[J].东南学术，
2017（1）：207-213

[18] 乔向杰.智慧旅游赋能旅游业高质量发展[J].旅游学刊，2022，37（2）：
10-12.

[19] 闫婷玉，李俊.全域旅游背景下吉林省智慧旅游发展对策[J].经济学，
2022，5（1）：1-3.

[20] 李胜.贵州推动大数据与实体经济深度融合研究[J].贵州社会科学，2019
（8）：138-144.

[21] 肖远平，龚翔."互联网+"视域下贵州旅游产业智慧化发展研究[J].贵州
社会科学，2016（5）：127-132.

[22] 黄远水，孙盼盼.充分发挥高等院校优势，建设中国新型旅游智库[J].旅
游学刊，2016，31（1）：7-9.

[23] 杨凌云.关于OLAP在旅游大数据采集挖掘处理方面存在的问题及对策[J].
信息通信，2018（10）：158-159.

[24] 钟栎娜.面向未来的旅游大数据研究：引领而非跟随[J].旅游学刊，
2017，32（10）：4-6.

[25] 潘冰.旅游大数据的发展和展望[J].旅游学刊，2017，32（10）：1-3.

[26] 吕兴洋，杨玉帆，许双玉，等．以情补智：人工智能共情回复的补救效果研究 [J].旅游学刊，2021，36（8）：86-100.

[27] 周相兵，马洪江，苗放．一种基于云计算的旅游云构架模式研究 [J].重庆师范大学学报（自然科学版），2013，30（2）：79-86.

[28] 焦金英．智慧农业旅游"云"服务平台构建研究 [J].农业经济，2017，（7）：34-36.

[29] 常卫锋．云计算架构下旅游信息资源优化调度模型 [J].科技通报，2015，31（6）：49-51.

[30] 薛涛，刘潇潇，纪佳琪．基于云计算虚拟化技术的旅游信息平台设计 [J].现代电子技术，2022，45（1）：176-180.

[31] 王素贞，朱蔓莉，何宇炜．移动云计算环境下乡村休闲旅游产业创新发展研究：基于四维度模型的视角 [J].世界农业，2018（2）：60-66.

[32] 黄远水，孙盼盼．充分发挥高等院校优势，建设中国新型旅游智库 [J].旅游学刊，2016，31（1）：7-9.

[33] 郭又荣．智慧旅游何以更加"智慧" [J].人民论坛，2019（8）：76-77.

[34] 潘虹．智慧旅游时代农村旅行社产业转型升级模式与策略研究 [J].农业经济，2016（11）：36-38.

[35] 杨勇，邬雪．从数字经济到数字鸿沟：旅游业发展的新逻辑与新问题 [J].旅游学刊，2022，37（4）：3-5.

[36] 王润．面向农业旅游的人工智能路线规划算法应用研究 [J].湖北农业科学，2022，61（23）：173-179.

[37] 妥艳娟，秦蓓蓓．人工智能技术赋能旅游者幸福感的现实困境与实现路径 [J].旅游学刊，2023，38（06）：3-6.

[38] 牛苗苗，孙涛．智能思想政治教育的出场范式，风险挑战及其有效对策 [J].理论导刊，2023（5）：128-132.

[39] 康思本．人工智能视角下公共图书馆文旅融合模式优化 [J].图书馆理论与实践，2022（6）：9-15.

[40] 吴甜甜，王洁．基于可能回答集程序的多 Agent 信念协调 [J].计算机科学，2020，47（2）：201-205.

[41] 王刚，杨晟，戴成华，等．基于人工智能视频深度处理技术的景区智慧化管理探索研究 [J]. 科技通报，2019，35（4）：108–114，119.

[42] 高潇．新媒体对青年群体旅游行为的影响因素 [J]. 青年记者，2019（23）：23–24.

[43] 马竹梧，白凤双．MAES 系列通用专家系统的结构及使用方法 [J]. 基础自动化，2002（1）：21–24.

[44] 谷慧敏，李彬，吕点点．科技向善：旅游数智伦理与负责任的数智创新 [J]. 旅游学刊，2023，38（10）：11–14.

[45] 张亚影．红色叙事情境下生成式知识组织与服务的逻辑理路和实践进路 [J]. 档案管理，2023（6）：81–83.

[46] 罗群会，张丽娟，段欢．"AI+ 大数据"发展背景下饲料企业跨境电子商务升级转型的机遇、挑战及路径 [J]. 中国饲料，2023（10）：138–141.

[47] 乔向杰，唐晓云，方忠权．旅游产业数智赋能：战略、治理与伦理 [J]. 旅游学刊，2023，38（10）：1–3.

[48] 陈晔，贾骏骐．数字经济下旅游目的地发展的新路径 [J]. 旅游学刊，2022，37（4）：6–8.

[49] 赵磊．数字经济赋能旅游业高质量发展的内涵与维度 [J]. 旅游学刊，2022，37（4）：5–6.

# 后　记

在本书中，笔者深入探讨了旅游业在"云数智"化转型过程中遇到的机遇与挑战，并分析了其对商业模式、组织结构和管理策略的深远影响。这场转型不仅仅是技术的革新，还是一场全面的业务和文化变革，其核心在于如何利用云计算、大数据和人工智能等现代信息技术，提升效率、优化客户体验和驱动业务增长。

旅游业是一个信息密集和客户导向的行业，其对于"云数智"技术的适应与应用显示出了其极高的敏感性和活跃性。从实现资源的最优配置，到提供个性化旅游体验，再到通过智能化决策支持系统增强决策的科学性，技术的力量正在被充分挖掘。然而，这种转型也不是没有挑战的。数据安全、隐私保护、技术整合以及人才培养等问题是业界在实现"云数智"化转型过程中必须正视的难题。新的商业模式，如共享经济、定制化旅游服务、智慧旅游以及区块链技术的应用，都是对旅游业传统业务模式的重大挑战和革新。这些模式不仅改变了服务的提供方式，还重新定义了消费者与服务提供者之间的关系。通过这些新模式，旅游业能够更好地满足现代消费者对于便捷、高效和个性化服务的需求。组织变革是实现这些新商业模式的关键。技术的更新和应用需要企业在组织结构和管理策略上进行相应的调整。这包括但不限于技术投入的增加、员工技能的提升以及组织架构的搭建。通过这些变革，企业不仅能够更好地适应新技术的应用，还能够在竞争激烈的市场中保持领先。

本书通过丰富的案例分析和实践探讨，阐述了成功的"云数智"化转型策略和实施方案的具体内容，为旅游业的其他企业和组织提供了宝贵的经验和参考。期望这些讨论能够激发更多的业内人士积极思考和行动，推动旅游业在这一波数字化浪潮中实现创新和增长。

未来的旅游业将继续面临技术进步带来的挑战和机遇。持续的创新、政策的支持和行业合作将是推动旅游业持续健康发展的关键因素。希望本书能为旅游业的决策者、研究人员和实践者提供启发和指导，帮助他们在不断变化的环境中找到适合自己的路径，不仅适应这场变革，更在其中找到新的成长机会。

在撰写本书的过程中，笔者得到了许多专家、学者和业内人士的指导和帮助。他们的宝贵意见和建议使本书的内容更加全面、深入和准确。在此，向所有关心和支持本书写作工作的人员表示衷心的感谢。

希望本书的出版，能够为旅游业的创新发展提供理论支持和实践指导，能够激发更多学者和业内人士对旅游业"云数智"化转型的关注和研究。在"云数智"技术的推动下，旅游业将开拓出更加广阔的发展空间，迎接更加美好的未来。